瓷器鉴藏全书

陈士龙　编著

图书在版编目(CIP)数据

瓷器鉴藏全书 / 陈士龙编著. —北京：中央编译出版社，2017.2
(古玩鉴藏全书)
ISBN 978-7-5117-3124-1

I. ①瓷… II. ①陈… III. ①瓷器(考古) – 鉴赏 – 中国②瓷器(考古) – 收藏 – 中国 IV. ①K876.34②G262.4

中国版本图书馆 CIP 数据核字 (2016) 第 235906 号

瓷器鉴藏全书

出 版 人：	葛海彦
出版统筹：	贾宇琰
责任编辑：	邓永标　舒　心
责任印制：	尹　珺
出版发行：	中央编译出版社
地　　址：	北京西城区车公庄大街乙 5 号鸿儒大厦 B 座 (100044)
电　　话：	(010) 52612345 (总编室) 　 (010) 52612371 (编辑室)
	(010) 52612316 (发行部) 　 (010) 52612317 (网络销售)
	(010) 52612346 (馆配部) 　 (010) 55626985 (读者服务部)
传　　真：	(010) 66515838
经　　销：	全国新华书店
印　　刷：	北京鑫海金澳胶印有限公司
开　　本：	710 毫米 × 1000 毫米　1/16
字　　数：	350 千字
印　　张：	14
版　　次：	2017 年 2 月第 1 版第 1 次印刷
定　　价：	79.00 元

网　　址：	www.cctphome.com　　邮　箱： cctp@cctphome.com
新浪微博：	@中央编译出版社　　　　微　信： 中央编译出版社 (ID：cctphome)
淘宝店铺：	中央编译出版社直销店 (http://shop108367160.taobao.com) (010) 52612349

凡有印装质量问题，本社负责调换，电话：010-55626985

前言

中国是世界上文明发源最早的国家之一，也是世界文明发展进程中唯一没有出现过中断的国家，在人类发展漫长的历史长河中，创造了光辉灿烂的文化。尽管这些文化遗产经历了难以计数的天灾和人祸，历尽了人世间的沧海桑田，但仍旧遗留下来无数的古玩珍品。这些珍品都是我国古代先民们勤劳智慧的结晶，是中华民族的无价之宝，是中华民族高度文明的历史见证，更是中华民族五千年文明的承载。

中国历代的古玩，是世界文化的精髓，是人类历史的宝贵的物质资料，反映了中华民族的光辉传统、精湛工艺和发达的科学技术，对后人有极大的感召力，并能够使我们从中受到鼓舞，得到启迪，从而更加热爱我们伟大的祖国。

俗话说："乱世多饥民，盛世多收藏。"改革开放给中国人民的物质生活带来了全面振兴，更使中国古玩收藏投资市场日见红火，且急遽升温，如今可以说火爆异常！

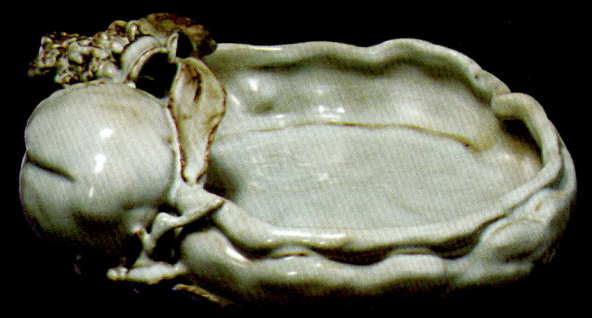

古玩收藏投资确实存在着巨大的利润空间，这个空间让所有人闻之而心动不已。于是乎，许多有投资远见的实体与个体（无论财富多寡）纷纷加盟古玩收藏投资市场，成为古玩收藏的强劲之旅，古玩投资市场也因此而充满了勃勃生机。

艺术有价，且利润空间巨大，古玩确实值得投资。然而，造假最凶的、伪品泛滥最严重的领域也当属古玩投资市场。可以这样说，古玩收藏投资的首要问题不是古玩目前的价格与未来利益问题，而应该说是它们的真伪问题，或者更确切地说，是如何识别真伪的问题！如果真伪问题确定不了，古玩的价值与价格便无从谈起。

为了更好地解决这一问题，更为了在古玩收藏投资领域仍然孜孜以求、乐此不疲的广大投资者的实际收藏投资需要，我们特邀国内既研究古玩投资市场，又在古玩本身研究上颇有见地的专家编写了这本《瓷器鉴藏全书》，以介绍瓷器专题的形式图文并茂，详细阐述了瓷器的起源和发展历程、瓷器的种类和时代特征、收藏技巧、鉴别要点、保养技巧等。希望钟情于瓷器收藏的广大收藏爱好者能够多一点理性思维，把握沙里淘金的技巧，进而缩短购买真品的过程，减少购买假货的数量，降低损失。

本书在总结和吸收目前同类图书优点的基础上进行撰稿，内容丰富，分类科学，装帧精美，价格合理，具有较强的科学性、可读性和实用性。

本书适用于广大瓷器收藏爱好者、国内外各类型拍卖公司的从业人员，可供广大中学、大学历史教师和学生学习参考，也是各级各类图书馆和拍卖公司以及相关院校的图书馆装备首选。

编者

2016年11月于北京·阅园

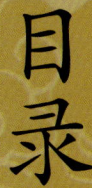

目录

第一章
瓷器的起源和发展

一、什么是瓷器 / 002

二、瓷器的起源 / 004

三、瓷器的种类 / 007

四、瓷器的应用 / 010

    1.实用器 / 010

    2.冥器 / 010

    3.陈设器 / 010

    4.玩具 / 010

    5.礼器祭器 / 010

五、中国古代瓷器的发展 / 012

    1.新石器时期瓷器的发展 / 012

    2.夏、商、西周瓷器的发展 / 013

    3.春秋战国瓷器的发展 / 015

    4.秦汉魏晋南北朝瓷器的发展 / 017

    5.隋唐五代瓷器的发展 / 022

    6.宋代瓷器的发展 / 028

    7.辽金元三代瓷器的发展 / 032

    8.明代瓷器的发展 / 042

    9.清代瓷器的发展 / 048

第二章
瓷器鉴赏

一、名窑瓷器鉴赏／056
    1.景德镇窑／056
    2.长沙窑／058
    3.汝窑／059
    4.官窑／059
    5.哥窑／060
    6.钧窑／061
    7.定窑／064
    8.邢窑／066
    9.越窑／067
    10.耀州窑／068
    11.龙泉窑／071
    12.吉州窑／072

二、瓷器的器型鉴赏／074
    1.实用器／074
    2.陈设器／102
    3.礼器／106
    4.明器／107

三、瓷器的纹饰鉴赏／110
    1.植物纹／110
    2.动物纹／121
    3.人物纹／141
    4.几何纹／146
    5.吉祥纹／150

四、瓷器的釉彩鉴赏／156
    1.釉瓷／156
    2.彩瓷／158

五、瓷器的题款鉴赏／162
    1.款识的类别／162
    2.款识类题记／165
    3.诗文字句类题记／165

第三章

瓷器的辨伪

一、瓷器作伪的形式 / 168

    1.旧器加新彩 / 168

    2.新瓷埋藏法 / 168

    3.酸液去光法 / 169

    4.茶碱水煮法 / 169

    5.后刻款识法 / 169

二、瓷器的传统鉴别技巧 / 170

    1.观造型 / 170

    2.观纹饰 / 171

    3.观外表 / 172

    4.观数量 / 172

    5.掂重量 / 172

    6.观胎质、釉质 / 172

三、明清瓷器的鉴别技巧 / 174

第四章
瓷器的市场行情

一、瓷器的价值 / 178
    1. 文物价值 / 178
    2. 历史文化价值 / 179
    3. 艺术价值 / 181
    4. 收藏价值 / 182

二、瓷器的价格走势 / 183
    1. 价格分析 / 183
    2. 市场分析 / 184
    3. 行情分析 / 186

第五章
瓷器的购买

一、购买瓷器的准备工作 / 192
    1. 认清年代 / 192
    2. 认清造型 / 194
    3. 认清纹饰 / 195
    4. 认清工艺 / 195

二、瓷器的购买途径 / 196
    1. 拍卖公司拍卖 / 196
    2. 文物商店购买 / 197
    3. 专业市场购买 / 198
    4. 典当行购买 / 199
    5. 圈子内购买 / 200
    6. 网络渠道购买 / 201

三、把握适当的购买时机 / 202

四、准确判断好出售时机 / 204

第六章
瓷器的保养

一、避免挤压与碰撞 / 208

二、避免阳光长期直射 / 208

三、远离污染源 / 209

四、远离化学制剂 / 209

五、掌握正确的清洁保养技巧 / 210

六、掌握正确的把玩方式 / 211

第一章

瓷器的起源和发展

一 什么是瓷器

瓷器是一种由高岭土、瓷石、石英石、莫来石等烧制而成的,外表施有彩绘或玻璃质釉的器皿。

一般说来,瓷器的形成应该具备以下三个条件:第一是选择原料经加工使胎质呈白色;第二是经过1200℃以上的高温烧制,使胎质烧结致密、不吸水分,击之发出清脆的金石声;第三是在器表施有高温下烧成的釉,胎釉结合牢固,厚薄均匀。三者之中,原料是瓷器形成的最基本的条件,是瓷器形成的内因,烧制温度和施釉则是属于瓷器形成的外因,也是不可缺少的重要条件。因此,要确认一件物器是否为瓷器,必须要把以上三个条件紧密地结合起来考量。

△ **青釉竖条纹双系罐 原始瓷**

直口、丰肩、腹鼓圆、平底。胎色灰白,釉色青黄,釉面厚薄不匀。肩饰双系,并刻画数组瓦沟纹和阴线弦纹。瓦沟纹宽深一致、排列平行,线条刚劲有力、朴素大方。

第一章 瓷器的起源和发展

◁ **蛙盂 晋代**
高3.9厘米

△ **青釉钟 原始瓷**
　　仿青铜钟形制，制作精巧，仿造逼真，显得庄重瑰丽。器表施一层晶亮的黄色薄釉。此钟系随葬明器。

△ **青釉弦纹尊 原始瓷**
　　这是现存原始青瓷中难得的精品。原始青瓷指一种用含铁量在3%以下的黏土成型，经过人工施釉，烧制温度在1200℃以上的青釉制品。此尊釉色滋润，成色稳定，器表匀净光洁,造型端庄工整，朴实无华，像这样制作极精的原始青瓷传世较少。

二 瓷器的起源

瓷器究竟起源于何时？瓷器究竟何时出现？

瓷器起源年代迄今为止尚有争议，有夏代说、商代说、东汉说、魏晋说等。

早些时候，专家根据史料记载论证，中国大约在公元前16世纪的商代中期，就出现了早期的瓷器。也就是说，瓷器的出现至少已经有3600多年的历史。

从新中国成立以来的考古发掘资料可以获知，我国最早的瓷器是原始青瓷，始于3000多年前的商代，如在河南郑州出土的商代黄釉瓷尊，就是瓷器的祖先。

后来，根据新的考古发现，又有专家提出约在奴隶社会初期的夏代，人们在瓷土中掺入一定数量的长石、石英等成分，烧制出了一种胎质呈白色、质地比较坚硬的器皿，就其烧结性能和坚硬程度而言，已不同于陶器，而接近原始青瓷。

但由于器表无釉，所以叫"原始素烧瓷"。

也就是说，夏代就有了瓷器，只不过是"原始素烧瓷"，这一论证比瓷器源于商代说又大大提前了。

夏商时的原始素烧瓷器型主要有酒器和豆、钵等食器，器表多刻饕餮纹、夔纹、云雷纹和曲折纹等精美图案，是仿同期青铜礼器的一种极珍贵的工艺品。

专家认为，白陶和原始素烧瓷，为我国瓷器的发明奠定了基础。

上述是从瓷器的出现论述的，如果说瓷器的起源，应从陶器说起。中国在1万多年前就开始使用陶器，陶器的出现比玉器还要早（玉器的起源有7000年之说和1万年之说）。

我国早在新石器时代初期，就创造出丰富多彩而独具特点的陶器。陶器的发明，据推测是受到涂泥的树条筐和外络绳网的葫芦容器被火烧后余下的硬泥壳的启发，逐渐发明成功的。

这一推测是由早期陶器筐篮条纹和绳纹装饰而来的，它在技术上用篮模涂

◁ **灰陶彩绘豆 崧泽文化**

泥质灰陶。豆外壁彩绘红褐和淡黄两色组成的宽带纹和弧带纹，圈足部位彩绘一周红褐色宽带纹。新石器时代南方部分地区流行的彩绘陶是在器物烧成后进行彩绘，彩绘易于脱落，因而陶器十分难得。

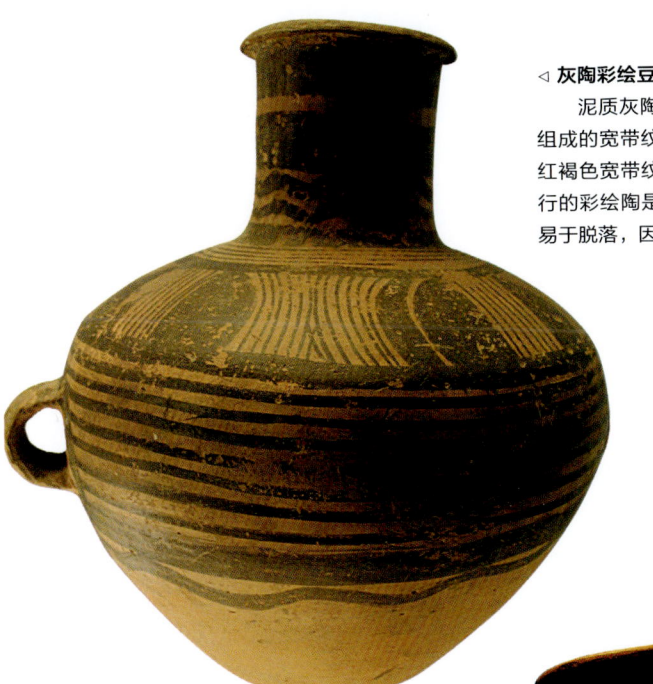

▷ **彩陶鸟纹壶 马家窑文化**

马家窑文化是黄河上游的新石器文化，以彩陶制作闻名。此壶属马家窑文化中最早类型的彩陶，黑彩绘画，构图疏朗，看似几何形的纹饰实为鸟纹的变形，具有较高的艺术和审美价值。

泥法、泥条卷筑法、双手捏造法、辘轳拉环法等方法制成各种器型，然后用火烧成。

早期陶器有彩陶、黑陶、印纹陶以及商代的白陶和釉陶。一直延续到今天，陶器被普遍使用。

过去专家认为，新石器时代的白陶（灰陶）是瓷器的源头，商代出土的白陶和釉陶，为我国瓷器的发明奠定了基础。

白陶出现于新石器时代中期，商代后期发展到顶峰，至西周逐渐衰落。

新石器时代末期，我们的祖先就用瓷土为原料，烧制出胎质灰白、器表无釉、火候较低的器皿，即所谓白陶或称灰陶。

新石器时代至商代的白色陶器，是用高岭土烧制的，质地洁白细腻，虽然它是与瓷器最接近的陶器，但是作为瓷器的源头，似乎还可追溯到更遥远的彩陶时代。

2001年，甘肃大地湾考古被学术界评为中国20世纪百项考古大发现之一。2003年，甘肃省文物考古研究所研究馆员郎树德发表《大地湾考古创6项中国之最》一文，认为大地湾彩陶是我国最早的彩陶："我国农业、制陶、文字、建筑、绘画的历史被改写。"

大地湾彩陶出现于新石器时代早期，而白陶则在其之后出现。白陶是因为到商代因制作技术的提高，使原料的淘洗更加精细，烧制火候的掌握也恰到好处，使所烧器物愈加素净美观，从而成为最接近瓷器的陶器。但从年代沿革上看，彩陶则是更早的源头。

在漫长的岁月里，陶瓷工艺经历了由低级向高级阶段发展的历程，它生动而具体地反映了各族人民饮食用具的演变、风俗习惯、审美情趣和地域特色。

原始瓷器的特征表现在胎体中存在很多裂纹，胎料中杂质多，釉色不稳定。这些特征表现出它的原始性，这是由于当时的生产技术水平低，条件较差，原料的处理比较粗糙，没有经过精细的过滤、淘洗、提炼等过程。这些早期瓷器无论在胎体上还是在釉层的烧制工艺上都尚显粗糙，烧制温度也较低，表现出原始性和过渡性，所以一般称其为"原始瓷"。

随着社会主产力的发展，烧造技术水平不断提高，就商周青釉器在瓷器发展的历史来看，它处在发生发展阶段，这一时期专家们通常称为原始瓷器时期。

根据目前公布的材料，我国商代中期原始瓷器在黄河中下游地区的河南、河北、山西和长江中下游地区的湖北、湖南、江西、江苏等商代中期遗址和墓葬中都有出土，说明原始瓷器当时已经被广泛使用。

第一章 瓷器的起源和发展

三 瓷器的种类

　　瓷器的种类即瓷器的分类。瓷器的种类可以从多方面多角度分类，如对每一种类都展开论述，不是本书所能容纳的，因每一种类型要详细介绍，都可以写一本书乃至一套丛书，本节主要选取瓷器的造型这方面的知识进行介绍。

　　瓷器的造型在瓷器收藏界有一个专用名词，叫瓷器的器型。瓷器的器型知识，对于瓷器收藏是必须要掌握的基础知识，所以，了解和掌握瓷器的器型，有助于收藏爱好者步入瓷器收藏的大门。

　　同时，对有关瓷器类别的知识也需要有一个简单的了解。

　　本节重点按瓷器的器型对瓷器类别进行介绍，因为这是对收藏投资者最实用的知识。

　　瓷器的器型按大类分，主要有碗、杯、盘、壶、炉、盒、罐、盆、瓶、匜、枕、洗、尊等，每一大类又有若干小类。

△ 龙泉青釉龙耳衔环瓶　南宋/元早期
高25厘米

△ 执壶　唐代
高20厘米

△ 德化窑达摩坐像　明代
高20厘米

瓷器的分类可以从多个角度进行分类。

从年代分，有远古瓷器、中古瓷器等。

从朝代分，有汉代瓷器、唐代瓷器、宋代瓷器、元代瓷器、明代瓷器、清代瓷器等。

从瓷器的工艺分，有青瓷、秘色瓷、青白瓷、卵白釉瓷、甜白、祭红、绞胎、玲珑瓷、釉下彩、青花、釉里红、釉上彩、金加彩、斗彩、素三彩、五彩、粉彩、珐琅彩等。

从瓷器的来源和使用范围分，有官窑瓷器、民窑瓷器等。

从瓷器的造型分，有碗、杯、盘、壶、罐、盆、瓶等。

从窑口分，古代著名的瓷窑有宋代四大名窑：哥窑、钧窑、汝窑、定窑，此外，唐代名窑有邛窑、邢窑、洪州窑、长沙窑、寿州窑。宋代名窑还有耀州窑、龙泉窑等。辽代有官窑缸瓦窑、林东窑等。元代有霍县窑、景德镇窑等。明、清名窑有御窑厂和石湾窑。早期的名窑还有瓯窑等。瓷窑的知识对于投资者是必不可少的。

从使用功能分，瓷器可分为以下几种：

一是实用器。包括食器、盛器、储器、饮器、水器、服御器、文具、乐器及瓷纺轮、瓷砖等一些工具用器。

二是明器。明器又称为冥器，是随葬用品。主要有容器、模型、俑类、墓志、敛骨具、魂瓶等。

三是陈设。包括花瓶、插屏等，一些古代的实用器和明器，后来也转化为陈设器。

四是玩具。包括瓷型动物羊、犬、虎、狮等，瓷型人物观音、童子等，瓷型植物、棋类、托座、鸟笼、鸟食罐等。

△ 五彩人物故事图瓶　清康熙
高46厘米

五是礼器祭器。包括瓷鼎炉、瓷双耳罐等。

从色彩分，瓷器总体上分为两大类，即单色釉瓷和彩绘瓷。单色釉瓷又分为素瓷和色釉瓷，二者均俗称为"一道釉"。

明代以前是素瓷时代，明代以后才有了彩瓷的蓬勃发展。素瓷是指无论釉上和釉下都没有色彩的瓷器，没有绘制的花纹。素瓷包括青瓷、黑瓷、白瓷、青白瓷四种。

青瓷：也叫绿瓷。釉中含有氧化铁，是最早出现的瓷器，发展到宋代时以龙泉窑最为闻名。

黑瓷：也叫天目瓷，是在青瓷基础上增加了铁的含量烧制而成的。著名的有建窑和德清窑。

白瓷：由于含铁量低而形成透明釉。著名的窑场有定窑和邢窑。白瓷的出现使得在瓷器上作画成为可能，为彩瓷的发展奠定了基础。

青白瓷：也叫影青、隐青、映青、罩青等。釉色介于青和白之间，青中泛白、白中闪青，类冰似玉。

素瓷是在通风状态下烧制而成的，由于釉中氧化铁的含量不同而导致釉色不同。而色釉瓷是指带有颜色的一道釉瓷器，是在密闭状态下烧制而成的，由于氧化铁、氧化铜等含量不同以及烧制温度不同，而呈现不同颜色的釉色。

色釉瓷包括红釉、酱釉、蓝釉、黄釉、绿釉、紫釉等。

彩绘瓷就不是以釉色取胜了，而是以器型、绘画和彩来取胜的瓷器。彩绘瓷的发展由青花开始，即在釉上或者釉下开始出现纹饰，随着发展，分别出现了青花、两彩、三彩、五彩、斗彩、粉彩、古铜彩、金彩等。其中青花一般为釉下彩，三彩和五彩一般为釉上彩，而斗彩则是釉下青花和釉上五彩。

△ 龙泉窑莲瓣碗　明代

直径17厘米

▽ 茄皮紫釉直口墩子小碗　清康熙

口径12厘米

四 瓷器的应用

瓷器作为一种器物，在日常生活中的应用主要体现在以下几个方面。

1 | 实用器
如食器、盛器、储器、饮器、水器等。

2 | 冥器
即随葬用品。如模型、俑类、墓志、敛骨具、魂瓶等。

3 | 陈设器
如花瓶、插屏等，古代的一些实用器和冥器，后来也转化为陈设器。

4 | 玩具
如瓷型动物、瓷型人物、瓷型植物、棋类、鸟笼、鸟食罐等。

5 | 礼器祭器
如瓷鼎炉、瓷双耳罐等。

第一章 瓷器的起源和发展

△ 青花人物故事图棒槌瓶 清康熙
高45厘米

△ 青花海兽直颈瓶 清康熙
高27厘米

△ 白釉暗刻八宝纹高足碗 清雍正
直径16厘米

△ 窑变釉螭龙纹贯耳方瓶 清雍正
高36厘米

五 中国古代瓷器的发展

1 | 新石器时期瓷器的发展

原始社会，古人在平地上将黏土搓成泥条，圈叠或盘叠成型状简单的陶器粗坯，然后修饰整形，小件器物则直接捏塑而成。

仰韶文化前期，始将黏土放在木板上搓成泥条，然后不断转动木板，用盘塑法成型，较大的陶罐大体用八层泥条盘塑，是陶轮的雏形。这种成型方法，现在在云南勐海县曼贺地区还可见到。整个过程采用光拍、斜纹拍和直纹拍三种木拍。以制陶罐为例，先在木板上用光拍拍打泥片成陶罐底部，再用泥条盘塑成粗坯，经阴干、拍打整形，然后用带花纹的拍板拍印出兰纹、方格纹或水浪纹。这种方法不方便，在木板下加一个倒截的圆锥木墩，成型时能在地上转动，这是陶轮的前身。后来在木墩中心开洞，地面上再安插一根木头支杆，木墩装置在支杆上转动，即成陶轮。在云南景洪曼斗寨还可见到这种慢轮成型的工艺。

良渚文化、龙山文化时期，开始采用快轮拉坯成型，上虞横塘王家村古窑出土的战国几何印纹硬陶，就是用泥条盘塑成型，用花纹拍拍印出方格纹、米筛纹。汉代沿用了这种成型方法，上虞汉代窑址遗物中，印纹陶罂、双系泡菜罐、盘口壶、五管瓶等较大的器物，大多用泥条盘塑法成型，经整形后拍印波浪纹、斜方格网纹等纹饰，有的在肩部画双线弦纹、耳面布杉叶纹。碗、盏等小件器物系用快轮拉坯成型和修坯。三国、两晋、南朝时期快轮拉坯成型已广泛应用，拍坯成型大为减少。成型方法的改进，能够堆贴、压印各种人物、动物或刻画各种花纹图案，同时还采用模印成型统一规格以提高工效。1973年衢县上圩街路村出土的晋元康八年（296）的长方形九格隔是拍片成型的。绍兴出土的东吴永安三年（260）高达47厘米的青瓷谷仓，主体是用快轮拉坯成型的，谷仓上堆贴的乐伎人物、鱼龙水龟、守卫门犬、飞禽走兽和佛像亭阙，部分用手工捏塑成型，部分用陶模压印成型，也有拍片成型的，各种小件还需经刻画修饰后再安装在坯体上，工艺十分复杂，集中反映了当时的成型技术水平。

2 | 夏、商、西周瓷器的发展

大约在三千多年前的商代,我国就已经出现了原始青瓷。从商代至战国,瓷器的制作还处于原始阶段。商周时期正是从陶器过渡到瓷器的渐进阶段,也就是原始青瓷发生发展的阶段。当时有一部分陶器用高岭土做胎子的原料,经过淘洗,提高了三氧化二铝的含量,降低三氧化二铁的含量。这样,一方面可以提高烧制温度,使胎质坚致、不渗水;另一方面使胎子的颜色由深变浅,提高了洁白度。加上器表施一层用草木灰和瓷石配合而成的高温釉,经过1300℃以上高温烧制后,使胎釉结合在一起,这些器物已具备了瓷

◁ **白陶刻花尊 商代**

白陶器,敞口略残。上腹部除饰四周锯齿纹附加带条纹外,其间又分别拍印夔纹与饕餮纹带条装饰,下腹部满饰拍印的双勾纹与云雷纹。整器纹饰丰富,雕刻精细,装饰内容丰富,表现出商代雕刻艺术的重大成就。

器的条件。但当时制作工艺水平低下，胎中还是含有一定量的铁，在略低的温度中烧结，颜色较深，透光性较差。因为烧造工艺不稳定，铁含量和烧制气氛不能自如地控制，釉色也不好掌握，所以具有一定的原始性，这就是原始青瓷。原始青瓷的烧造成功，是中国瓷器诞生的标志。

商周原始青瓷多用石灰釉，色泽呈黄绿色或青灰色，釉中含2％左右的三氧化二铁，使得在氧化气氛中烧制时显青色或青绿色，在很长时期内，成为中国瓷釉色泽的一个特征。从原始青瓷成型工艺看，多采用泥条盘筑法，有的再用轮修口沿。商代器表有时在釉下拍印方格纹、篮纹、叶脉纹、锯齿纹、弦纹、席纹和S形纹。西周时期又增加了水波纹、云雷纹、网纹、翼形纹、圆点纹、划纹、贴塑S形小片等。因为器外壁经过拍打，器的内壁也留下了"抵手"抵住内壁形成的凹窝。胎色有灰白色、灰褐色、白色偏黄色、青黄色、淡黄色等，质地坚硬。有的器物内外皆施釉，有的仅在外壁全部和内壁上部涂釉，釉色有青绿色、豆绿色、深绿色、黄绿色、酱色、淡黄色、绛紫色等。商代前期常见器型有敞口长颈折肩圆底尊、敛口深腹圆底罍、敞口圆底钵、敛口深腹罐、敛口深腹圆底瓮、浅盘高杯豆、双耳簋等。商代后期常见的器型有敞口长颈折肩圆衣尊、小口短颈深腹瓮（罐）、深腹双耳罐、侈口子沿圆底盆（缶）、敛口假圈足钵、浅盘喇叭座豆、圈足簋、敛口短颈壶、碗等。商代原始青瓷造型与当时陶器基本一致，有少量器物模仿当时的青铜器。

西周时期原始青瓷在商代基础上进一步发展，常见器型有浅盘矮圈足豆、敛口低颈圈足罍、敛口深腹平底瓮、敞口深腹簋、平底碗、平底罐、直圈足盘、敛口扁腹盂、敞口双耳圈足尊、带錾管状流平底甗、敛口扁腹平底甗、敞口钵、四系尊等。这时瓷器造型与当时陶器造型逐渐拉开了差别。

3 | 春秋战国瓷器的发展

春秋时期,原始瓷器仍在发展中,春秋晚期,江浙一带的原始瓷器成型工艺,从泥条盘筑法改为轮制,因而器型规整,胎壁减薄,厚薄均匀。器型有平底罐、平底盂、大敞口平底碗和器盖等。胎质多呈灰白色,并有一些黄白色和紫褐色。釉分青绿色、黄绿色和灰绿色。器表的釉下纹饰主要是大方格纹和编织物纹。而在黄河中下游地区则很少发现春秋时的原始瓷器,所见的也只有釉下饰印方格纹的敛口、深腹圆鼓平底罐。

战国时期,浙江、江苏、江西、福建、广东、广西以及湖南南部的广大地区,普遍使用原始瓷,特别是江东、浙江、江西一带,更为盛行。它们的生产规模和产量比西周和春秋时都

△ 原始瓷器 春秋

有了很大的发展和提高。此期原始瓷的胎质细腻致密，瓷土经过粉碎和淘洗，烧制情况良好，同时用陶车拉坯成型，所以器型规整，器壁厚薄均匀，钵、碗、盘、盂的内底，自底心开始有一圈圈细密的螺旋纹和外底有一道道切割的线痕。与西周时期的原始青瓷相比，坯泥的处理精细了，烧制技术有了提高，成型由泥条盘筑法改为轮制，使生产效率和产品质量都有很大的提高。

此期原始瓷坯件的外表都上一层薄薄的石灰釉。经烧制后，多数釉成青色或青中泛黄。釉层厚薄均匀，有的凝集成芝麻点状。广东、广西、湖南南部的原始瓷，瓷胎与当时的硬陶差不多，多为紫色、灰红色；釉除黄褐色、黄绿色外，尚有墨绿色等，但都属于以铁为主要着色剂的青釉系统。由于这时期的原始瓷瓷质细腻，外施青釉，利于口唇接触和洗涤。饮食器皿有碗、盘、钵、盂、盅、碟和鼎等，其中盘和鼎式样丰富，钵、碗大小成套，饮食所需用具已经基本齐备。仿照铜礼器中的，有流和提梁，流作兽头形，口部有浅孔，但与器腹不通，很可能是随葬用的明器。碗、钵和酒盅等大宗产品，都取直线条的圆筒体形式，高矮适中，口部细薄，给人以轻巧的感觉。瓿为直口鼓腹，在胖胖的器身上装饰两圈栉齿纹，显得重心向下，稳重大方。仿照铜器形式的鼎，式样较多，有一种鼎直口浅腹，口沿的一端装一个兽面，与此相对称的一面饰兽尾，兽首高昂，头尾相应，造型独特。纹饰仍取吴越地区盛行的S形纹。原始瓷的这些造型和装饰风格，显示了吴越文化的一个侧面。

从战国到西汉，是从原始青瓷到成熟青瓷的过渡时期。这个时期的青瓷，在烧结性能和器表施釉等各个方面，都比原始青瓷有了较大的进展，但与成熟的青瓷相比，仍有一定的差别。

4 ｜ 秦汉魏晋南北朝瓷器的发展

（1）秦汉原始青瓷的发展

秦汉时期的原始青瓷与战国早中期相比有了很大差别，主要表现在：胎质原料不同，胎料中氧化铁的含量偏高，大部分产品胎质粗松，气孔量大，吸水率高，呈灰色或深灰色，有的只能算作"釉陶"；施釉不同，秦汉时产品釉层较厚，但是釉色偏深，呈黄绿或青褐色，其中氧化铁的含量较高。把战国时通体施釉的方法改为在口、肩、内底等处局部上釉，把浸釉法而变为刷釉；成型法不同，将战国时拉坯成器、线割器底的做法，改为底、身分制，然后粘接成器的做法。纹饰以弦纹、水波纹、云气纹或堆贴铺首为主，不见栉齿纹或S形纹。器型上以仿青铜礼器鼎、盒、壶、钫、钟、瓿等较为常见，很少发现战国时盛行的碗、钵、盘、盅等实用饮食器。这些比较明显的差异反映了秦汉原始青瓷并未继承战国原始青瓷工艺。但需指出的是，秦汉原始青瓷仍然在越故地复兴，说明当地所具有的自然的与工艺的条件重新被认识。

◁ 陶熏炉 西汉

战国末年的产品有双耳瓿，秦代的产品有青瓷盖罐，西汉时有仿铜器瓿、鼎、壶、敦、盒、钟、罐等。西汉晚期，鼎、盒一类制品渐趋消失，壶、瓿、罐、钫、奁、洗、盆、勺等数量剧增，一些比较粗犷的牛、马，以及屋院等随葬明器也开始出现。西汉时期几种原始青瓷器的演变情况是这样的：鼎，汉初兽蹄形三足较高，附耳高翘，耳根突出，盖半球形而顶稍平，上附三高钮，仰放可作三足使用；西汉中期，双耳短直，足明显变矮，逐渐与底齐平以至消失，盖钮也逐渐变小、消失，似盒非盒；晚期便不再生产。瓿，汉初平唇短直口，斜肩，扁腹平底，底接三扁平矮足，肩附铺首双耳，耳面翘起高出器口，扁圆盖，盖上有捉手，盖缘下有子口；西汉中期，肩部渐鼓，耳渐降低，耳面与器口近平齐，三足消失；西汉晚期，形体变高大，敛口，宽平唇，圆球腹，双耳低于器口。瓷瓿至东汉绝产。壶，汉初的口部微侈，颈部较长，器肩斜鼓，装人字形纹的对称双耳，腹下圈足较矮；西汉中期，口缘趋向喇叭状，颈变短而腹加深，圈足变低矮以至变平底，肩部附耳作半环状，也有在双耳上端贴铺兽或堆塑龙头；西汉晚期，口呈明显喇叭形，腹部球圆，大部分为平底，双耳常作铺首衔环，还有鱼形耳，有的在竖耳上端堆贴横S形纹。

△ 绿釉狩猎大壶（一对） 汉代
高44厘米

东汉时期是原始青瓷的终结阶段。除了与秦、西汉时相同的胎料、釉质外，还出现了暗红、紫红、红褐色胎色，胎骨坚硬而致密，敲击时会出声清越，釉色有的很深，有人称为"酱色釉陶"。东汉时常见器物有：盘口壶，由西汉喇叭口壶演变而来；东汉初期初具盘口，中期后变成明显的盘口。罐，短口平唇，肩有双系，上腹鼓、下腹斜纹，平底。盘，直口斜壁，大底，常与耳杯相配。碗，弧壁平底，腹较深。提盆，束口、鼓腹、平底，体宽硬而偏扁，口沿有粗壮的弯曲提梁。还有镂孔薰炉、钟、洗、五联罐、鬼灶、镰斗等。

原始青瓷发展到东汉时期，成型采用快轮拉坯成器身，再粘接器底而成，器型变得规整。有些如钟、壶等，成型之后又进行修坯、补水等工序，使得表面平整光滑，不见"棕眼"等毛病。东汉中期后，改刷釉法为浸釉法，器体大半施釉，只是近底处无釉，釉层增厚，胎釉结合大有改进，很少见脱釉现象。许多迹象表明，原始青瓷将摆脱原始的状态，而迈入成熟的青瓷阶段。

总之，原始青瓷出现以后，由于具有坚硬耐用、釉面光亮、不易污染等许多陶器所没有的优点，受到人们的普遍欢迎，需求量越来越大，经过商周和春秋战国一千多年的发展，产量和质量也不断提高，器型也逐渐增多，并且，随着社会的发展进步，瓷器的应用范围也越来越广。同时，由于制瓷原料开掘比较容易，可以大量生产，成本低，比金、银、铜、漆器经济实用，所以，瓷器一经出现，就获得人们的喜爱，发展迅速。古代瓷窑遍布大江南北，制瓷技术越来越精，并走向世界，丰富了人类生活，为人类文明做出了贡献。

（2）三国、两晋、南北朝的瓷器

220年至589年是中国历史上的三国两晋南北朝时期。民族大迁徙、大融合，中原、关中地区先进的生产力、生产关系也带到边远和落后地区，地区之间的交流增多，促使这些地区生产力提高，一些割据势力的有识之士，采取措施发展生产，手工业劳动者人身依附关系得到改善，在3个多世纪里，社会经济曲折地向前发展。这方面陶瓷手工业生产表现得很突出。

三国时期的吴是早期瓷器兴起的地区，典型器物是吴永安三年（260）青釉坛，坛身刻有"永安三年……"24个字，这是有绝对年代可考的一件青瓷。

三国两晋是越窑青瓷的第一个发展高峰，产品种类特别是冥器非常丰富，如鸡笼、狗圈、男女俑等。装饰题材和装饰技法多种多样，而以动物题材最为普遍，有以动物形象作为整体造型的，如羊形烛台、蟾蜍水盂等，有作为局部装饰的，如鸡头壶、虎头罐、兽足洗等。

堆塑罐代表最高工艺水准。此期最有代表性的是集多种动物形象和人物、亭台楼阁于一身的堆塑罐，这种大型的冥器构造复杂、形象众多，代表了这一时期越窑青瓷的最高工艺水准，与死者一同埋入墓穴，寄托着死者对来世的向往，对于俗世的留恋。

西晋时期，青瓷烧造技术又有进步，这时窑温已达1050℃左右。

三国两晋南北朝的南方青瓷由浙江的绍兴、慈溪、金华、宁波地区扩大到东北部、中部和南部。

在江苏及长江中游的湖南、上游的四川、东南沿海的福建都出现了烧瓷手工业作坊。考古工作者发现瓷窑遗址，从制瓷品种看，上述地区与浙江地区的青瓷有许多相同点，说明直接或间接受到浙江地区制瓷工艺的影响，也说明各地制瓷工艺的交流增多，对发展瓷器手工业起到促进的作用。

除青瓷以外，在浙江德清地区，黑瓷生产得到很大的发展，摆脱用下脚料制黑瓷的状态。精美细腻，逐渐走向艺术瓷的范围，很多端庄秀丽、漆黑优美的作品生产出来。由于南北交流增多，受南方制瓷工艺的影响，6世纪，在河北、山东等地区出现了制瓷作坊，用北方瓷土，根据黄河流域人民审美习惯的要求，生产出粗犷雄放的瓷器，有青瓷、青黄釉瓷、黑瓷、白瓷和低釉陶。

西晋越窑瓷业剧增，瓷业渐趋繁荣，这时所制青瓷胎体较厚重，胎色较深而呈灰或深灰色，釉层厚润均匀，釉色以青灰为主，装饰精致繁复，用刻画、堆塑等装饰手法，后期出现褐色加彩的装饰手法。器物仍以日用品和随葬用品为主，熏炉是这一时期的重要产品。东晋时越窑渐趋停滞，南朝时明显低落，至隋代时已是奄奄一息了，在浙东地区几乎难以找到隋代的越窑遗址。

器物种类减少，鸡头壶较流行，堆塑罐和其他小冥器不再生产，动物形象大大减少，且多消瘦呆板。东晋时以褐色点彩和莲瓣纹为最主要的装饰，莲瓣纹盛行于南朝。东晋中期以后，越窑青瓷多为日常用具，如烛台、灯、盆、钵、盘碗、壶、砚等，造型趋向简朴，装饰简练，纹样以弦纹为主。在东晋晚期出现的莲瓣纹，在南朝时成为越窑青瓷的主要纹饰。器物上装饰有小而密集的褐彩。器物以日用品为主，胎、釉分为两种。一种胎质致密，胎呈灰色，施青釉。另一种胎质粗松，呈土黄色，外施青黄釉或黄釉。

越窑青瓷不仅上贡朝廷，下供庶民，一直是备受青睐的日常生活用具和数度进贡皇室的珍品，而且还远销亚洲、非洲的近20个国家和地区。越窑的生产工艺对我国南北方众多窑场和一些亚洲国家的青瓷生产产生了广泛深远的影响。

◁ **青釉洗 晋代**
直径18.5厘米

▷ **青瓷青蛙钵 三国**
高37.6厘米

5 | 隋唐五代瓷器的发展

（1）隋代瓷器的特点

隋代烧制的器物明显增多，隋代日用瓷器中壶、罐、瓶、碗等日用器皿也出现了过渡性的变化。隋代瓷器，壶一般分为带流与无流两种，带流的为鸡首壶，无流的为盘口壶。鸡首壶比南朝的瘦长，盘口也高，颈部变细，中部有弦纹装饰。鸡头更趋于写实，壶柄仍保留南朝时期的龙柄形式，肩部双系有新的变化，足部微撇。盘口壶的基本特征为盘口、有颈、系耳都贴附肩上。盘口较前代高，颈长、椭圆腹，系耳的形式多作条状。罐有两种，分别流行于南方和北方两地。常见于北方的罐为直口、无颈，罐身近椭圆形，腹中部常凸起弦纹一道，分器身为二等分。肩上贴附二系、三系或四系，以四系耳居多，称四系罐。南方较流行的罐，身瘦长、口直而大、无颈、丰肩、瘦胫、撇足。肩部贴附六系或八系耳，称六系、八系罐。湖南湘阴窑烧制的罐，在形制上与北方的四系罐有较大不同：盘口浅、颈细而短、圆腹、平底，肩部立四系，腹部往往饰弦纹数道，弦纹间印朵花与卷叶纹一周。隋瓷瓶颈细长，腹径阔大略呈椭圆形。安徽淮南窑中的洗口四系瓶，形式美观，与南北朝时期的瓶式有较大不同，洗口外撇、长颈、溜肩、平底。颈部装饰弦纹数道，颈与肩交界处贴附两系或四系，腹呈椭圆形，颈与肩部往往有朵花卷叶及莲瓣装饰，这种瓶在安徽地区出土较多，在河北

△ **白釉凤首壶 隋代**

高26.8厘米

卧足圆鼓腹，束颈敞口，长弯柄，壶口以童子为饰，壶形古朴，简洁不失豪放。通体施青白釉，色泽温润。

△ **白釉军持 唐代**

高19.5厘米

景县封氏墓中也有类似器物出土，但是胎、釉特征不同，可能为北方窑产品。陕西西安隋墓中出土的另一种洗口瓶，在形制上与此又有较大区别，其特点是颈中部细小，并装饰凸弦纹二道，腹部丰满，腹以下敛收、平底。

总之，无论是墓葬、窑址出土还是传世的隋代瓷器，共同特点是胎子均厚重坚致，釉厚透明，施半釉，大多垂流，有泪痕。瓶、罐类器型比前后两朝都要瘦高。高足盘在南北墓葬中均有出土，其基本特征是浅盘式，口沿微外撇，盘心平坦，常有阴圈线纹，沿线纹留有3个、5个、7个不等的支烧痕迹，下承以空心喇叭状高足。南北瓷窑都大量烧制高足盘，是隋瓷中最具典型的器物。隋瓷上的花纹装饰，除沿袭南北朝时期盛行的莲花纹，还采用朵花、草叶、卷叶纹，在布局上并巧妙地加以穿插、替换，组成新的图案。瓶、罐之类的肩、腹部，一般以朵花、卷叶纹组成带状纹饰。盘碗器，则常以朵花卷叶纹组成的圆形图案装饰于中心，因器物的口径大小又分1层、3层、5层、7层不等。隋瓷的纹饰题材虽比较单调，但由于构图布局多变而显得整齐精巧。隋代瓷器的装饰手法有印花、刻画花、贴花多种。印花是隋瓷常用的一种装饰手法，在瓷胎未干时，用瓷土烧制成的阳文印模压成花纹，然后才施釉烧成，刻画花在隋代

△ **米白釉双龙尊 唐代**
高31.7厘米

△ **青釉大粉盒 唐代**
直径17.5厘米

本品釉色以青黄为主，有别于五代以后越窑的湖绿青翠色调，正是符合唐人所言之越窑"秘色"的特征。古人记载颇多，但后人却从未见过实物，究竟何为是秘色瓷，一直成为陶瓷界悬而未决之谜，自唐以后，宋、元、明、清历代文人皆无定论。

瓷器中也比较多见。它是用一种尖利工具，在瓷胎未干时，刻画出各种纹样，然后施釉入窑烧制；贴花是将瓷泥填入模内，压制成各种花纹，趁瓷胎未干，用瓷泥浆水黏合在器物表面而成。隋瓷中这种装饰比较少见。

隋瓷的釉仍属石灰釉，透明度强，在高温中流动大，因而烧成后常呈流珠状。一般器里满釉，器外施釉不到底。隋代青瓷一般是在还原焰中烧成，但釉色不稳定，说明它的窑炉结构有待改进，使用还原焰烧制技术还不成熟。隋瓷多为用支具支托叠烧，已出现筒形匣钵，但仍主要用支具明焰叠烧。器物在窑内直接接触火焰，受窑内烟火熏染，釉面不匀，而且往往还沾上许多烟灰窑渣。尽管如此，隋瓷的地位还是不容忽视的。匣钵的出现，标志着烧瓷技术的又一次飞跃。"匣钵"普及发展的时期，使得瓷器制作与造型发生了很大的变化，胎壁由厚重趋向轻薄，底足由平底、饼形足变为玉璧形底、圈足，釉面不受窑内烟熏污染，从而保持了色泽纯净，器物造型趋向于轻巧精美。这时还出现了绞胎瓷、花釉器、秘色瓷等高级品类，长沙窑普遍使用了瓷器高温釉下彩、釉上彩新技术。瓷器外销规模扩大。

（2）唐代瓷器的发展

唐代的国势强盛，是我国瓷业发展的重要阶段，各地出现了一些比较成熟的瓷窑。这一时期青瓷在原有基础上，得到了进一步发展，白瓷大量生产。北方河北邢窑与南方浙江越窑的青瓷，同时著称于世。有"南青""北白"之说。代表青瓷发展成就的是南方的越窑青瓷，代表白瓷发展成就的是北方的邢窑白瓷。青瓷较早，白瓷是在青瓷的基础上发展起来的。

邢窑瓷器，质地坚硬，制作精致，洁白如雪。邢窑白瓷较之隋代白瓷又前进了一步，改变了以青瓷为主导的发展方向。在邢窑的白瓷影响下，北方又出现了另一个烧造白瓷的定窑。以邢窑为代表的白瓷与越窑为代表的青瓷，从此并驾齐驱。唐代著名瓷窑以烧造白瓷为主。民窑则烧制黑釉、黄釉、褐釉、酱釉等瓷器，都具有鲜明的民间特色。汉代的低温釉陶发展到唐代出现了著名的"唐三彩"。唐代墓葬中出土的三彩俑，不论是形象的刻画，还是釉色点染，都体现出唐代陶塑艺术的高度水平。其人物形态逼真，姿势优美。马和骆驼的造型，也都恰到好处。

（3）五代瓷器的造型特点

五代十国时期（907—979），藩镇割据，社会动荡，战乱频繁。江南一带

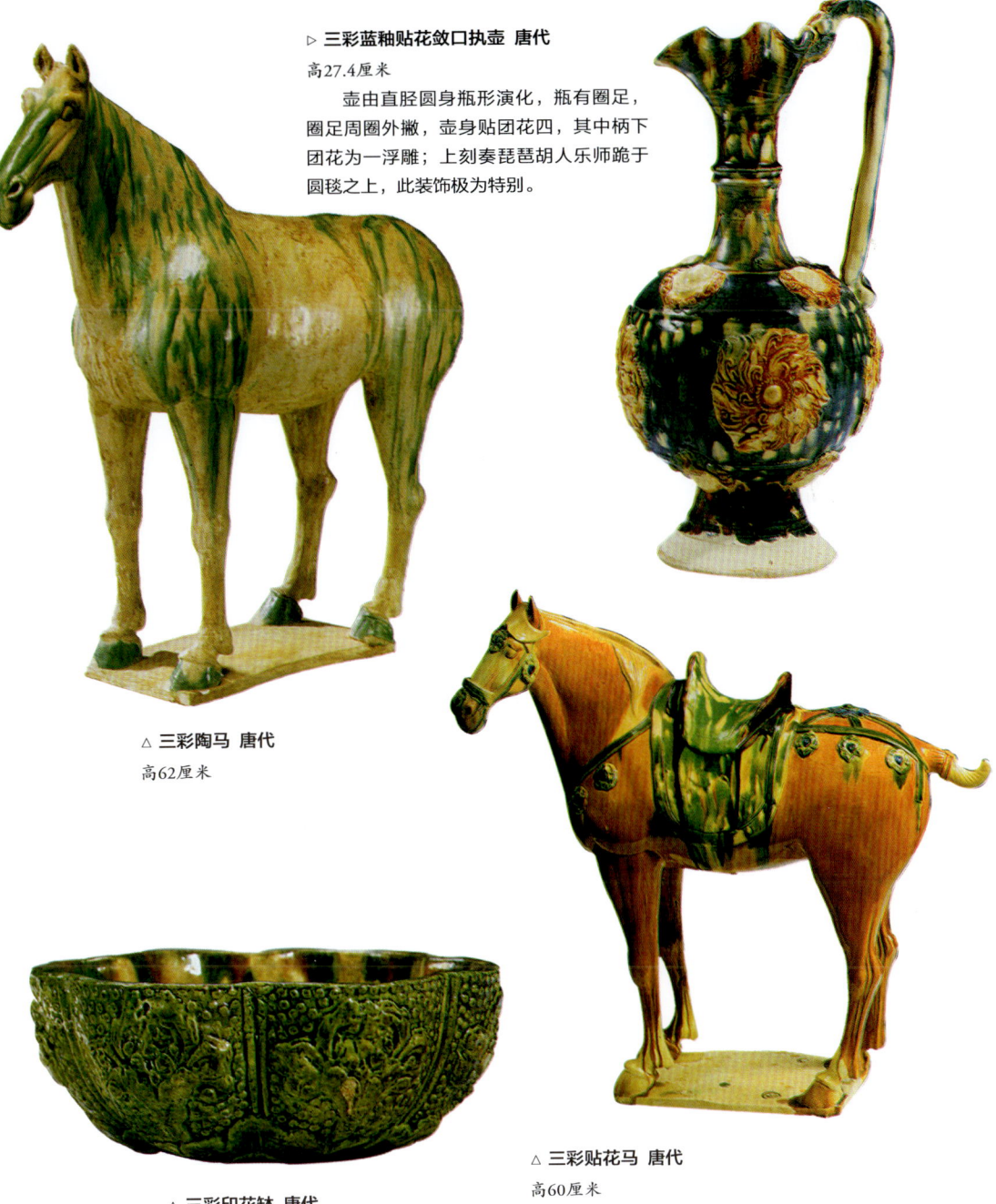

▷ 三彩蓝釉贴花敛口执壶 唐代

高27.4厘米

壶由直颈圆身瓶形演化，瓶有圈足，圈足周圈外撇，壶身贴团花四，其中柄下团花为一浮雕；上刻奏琵琶胡人乐师跪于圆毯之上，此装饰极为特别。

△ 三彩陶马 唐代

高62厘米

△ 三彩印花钵 唐代

高4.8厘米

△ 三彩贴花马 唐代

高60厘米

马直立于长方板座上，昂首侧视，马身驹肥硕雄健，骨肉坚实，竖耳，鼓睛暴眼，马背置一草绿色鞍，胸前股后络以鞅和鞦等皮带，带为绿色，后鞦两侧饰有杏叶垂饰。此马形象生动，制作精美。

△ 青瓷双凤盘 五代

直径15.6厘米

相对比较安定，北人南逃，南北往来，客观上形成相互交融，取长补短，互通有无的局面。陶瓷生产方面，瓷窑数量比前期略有减少，但是瓷器质量却有了进一步的提高。

五代前期的陶瓷造型较多地沿袭晚唐风格。浙江临安板桥五代早期吴越国功臣吴君墓出土的褐彩云纹四耳罂，在造型上就与余姚上林湖唐代窑址出土的褐彩云纹四耳罂基本相同，两者口部均作盘型、长颈、肩颈间有弧形长耳4个。宁波遵义路唐墓出土的瓜形执壶，喇叭口、瓜瓣丰满、多角形流微弯、圈足宽矮，与扬州西湖乡、杭州三台山五代墓出土的

▷ 定窑刻花执壶 五代

高23厘米

该执壶直口、长颈、折肩、圈足。把、流皆出于肩部，是当时的时代特点。通体施白釉，肩部刻大片蕉叶纹，腹部饰双重细蕉叶纹，余部光素，叶纹摆列整齐有序，在釉水的衬托下，立体感十足，足部露胎。把上留孔，当为系盖之用。做工精良，形态优雅，为定窑执壶中的经典之作。

瓜型执壶形制相同。五代花瓣形口碗、盘也沿袭晚唐形制，晚唐时期盏托圈足外撇，五代时期的盏沿袭晚唐形制，只是托圈和盏的圈足逐渐加高，制作更加精细。苏州博物馆所藏虎丘塔基出土的五代刻花莲花盏托，依然保留着唐代的造型。

五代时期白瓷以唇口碗、花瓣口盘的出土最多，在定窑遗址晚唐地层中也发现不少。唇口碗因口缘凸出像唇而得名，晚唐时开始出现，底足有玉璧形与宽圈足两种，五代时继续烧制。五代墓出土的碗中，除唇口碗、花瓣口碗、卷沿碗外，新增加的有直唇大碗、小圈足碗，还较多地出现胎质较薄、圈足加高、足壁变薄的碗。唐代流行的玉璧形底碗则逐渐消失。盘仍以花瓣口为主，新出现的有花瓣口沿方形盘、三角形小盘等。这类白瓷一般胎薄体轻，制作精致。江苏省连云港市五代吴太和五年（933）墓出土白瓷中，有盖盒、葵瓣口碗、花瓣口盘、三角形小盘等，这批白瓷的胎质较细，釉色匀净洁白，与湖南长沙五代墓出土的白瓷造型与胎釉特征基本相同。安徽合肥市西郊五代南唐保大四年（946）墓出土的白瓷碗、盘，北京南郊辽赵德钧墓与赤峰大营子辽驸马墓出土的白瓷花瓣口碗与盘的造型均与上述地区五代墓出土的白瓷相一致。在出土的这类白瓷中，有相当数量的白瓷上刻画有"官""新官"字款，是晚唐、五代白瓷一个常见现象。

从唐代瓷器的雍容浑厚，发展到五代瓷器的优美秀致，不仅是审美观点的变化，而且是工艺上进步的表现。五代制瓷工艺的改进主要有以下几个方面：圈足，足壁有的较宽，有的较窄，窄的足高而外撇，宽的足直而矮。盏托常常压边成荷叶形，托则折腰，圈足高而外撇。执壶常起棱作瓜形，流较长而微弯。杯有完全仿造金银器杯烧制的，深腹杯，作海棠式，高喇叭圈足等。这些器物的成型难度均较大，表现出五代时期在成型技术上有新的突破。装烧技术的改进更具有开创性，越窑的"秘色瓷"，北方白瓷呈色稳定性的进一步提高，明显可以看出窑炉结构的改进，成功地控制窑炉还原气氛。使用匣钵装烧较唐代更为普遍，使瓷器的呈色均匀纯净。为了使器物的外观完整，提高它的实用价值。支钉不仅小，而且少，并支在器物的不显眼之处。五代满釉瓷器烧造成功，是这种支烧工艺改进的结果。

总之，尽管五代时间虽短，瓷器传世品不是很多，窑场比唐、宋时期略少，但是这一时期所烧制的瓷器品种多、质量精。特别是越窑的瓷器，达到其有史以来的顶峰。北方一些窑场有了长足的进步，为宋代瓷器的蓬勃发展奠定了基础。

6 | 宋代瓷器的发展

960年，宋代结束了五代十国的分割混乱局面，统一了除辽、西夏以外大江南北的广大地区，人民生活相对来说比较安定，生产得到发展，作为手工业的制瓷业在前代的基础上取得了更大的成就，形成了中国陶瓷史上的一个高峰。

宋代统治者重文抑武，文人活动日益活跃，整个社会文化水平迅速提高，人们的审美情趣也逐渐发生变化。各阶层对瓷器的需求都在快速增长，宫廷对日用器皿、陈设观赏瓷的需要，酒楼茶肆对酒器茶具的需要，百姓对一般日用器皿的需要都促使陶瓷工匠创烧出更多的新鲜花色品种，像灿烂夺目的钧瓷；深受宫廷宠爱，以开片取胜的官、汝、哥瓷；青翠悦目的龙泉瓷；晶莹透亮的青白瓷；富有生活气

△ **定窑白瓷印牡丹孔雀图盘 宋代**

直径22.9厘米

此盘折沿，浅腹，圈足。胎骨洁白致密，内外施白釉，釉面匀净细润，微呈象牙色，给人以恬淡之感。外壁光素无纹，内壁饰凸起八棱线以等分区间，内各印花卉纹，内底印孔雀牡丹图。此盘胎釉精良，印花图案布局严谨，纹饰清晰且栩栩如生，代表了宋代定窑印花瓷器的最高水平。

△ **五王府款定窑白瓷葵口盘 宋代**

直径24.5厘米

此盘镶口，口沿呈葵瓣形，内外壁画出花瓣形线条以配合口沿，此种装饰为宋瓷中的经典样式，简洁而不失妩媚，符合宋人的一贯审美。胎骨洁白细腻，内外罩透明釉，呈现出象牙白一般的质感，外壁下部留一道宽涩圈，外底施釉。釉层较薄，划花处因积釉显现浓淡层次，更衬出线条的简练潇洒与立体感，亦充分体现赵宋一朝之高雅审美。

◁ **定窑白瓷大碗 宋代**

直径22.5厘米

此碗器型大，成型不易。镶口，从镶嵌痕迹看，应为芒口。芒口是定窑采用覆烧工艺的结果，常镶嵌金属口以盖之，颇具特色。周身施白釉，隐约可见旋削痕迹，无雕无饰，素雅莹然，虽历尽千年沧桑，润泽依旧，尽展素净之美。

▷ **建窑油滴盏 宋代**

直径9.5厘米

敞口、斜腹、小圈足。里外施釉，腹下露胎。釉面泛起点点油滴，异常可爱，黑釉呈色稳定，口沿处泛褐色，特征明显。建窑盏绝大多数成黄褐色斑纹，蓝色斑纹极为罕见，它是釉内长石晶体的一个特殊形态，本品釉光黑亮，细查之黑色油滴斑纹之内隐隐杂有深蓝光泽，较为少见。

◁ **白釉印花婴戏碗 宋代**

直径19厘米

碗敞口，弧形腹壁，短圈足，足部局部无釉。器物内外均施白釉，釉色为灰白色。外壁明显见到拉坯留下的旋痕以及蘸釉时留下的垂釉。碗心内印团花，周围童子呈不同姿势嬉戏于花丛中。匠师们用洗练，生动的轮廓线将童子稚嫩，天真的轮廓线形象的刻画，跃于器物之上。

息的彩绘瓷以及各种带有结晶斑的黑釉瓷器等。

宋代北方的瓷窑主要有河北定窑、河北磁窑、陕西耀州窑、河南钧窑、河南汝窑、河南汴京官窑、河南登封窑、山西介休窑、山东淄博窑等；江南地区的瓷窑主要有江西景德镇窑、南宋官窑、南宋哥窑、浙江龙泉窑、江西吉州窑、浙江越窑、福建建窑、福建同安窑、福建泉州窑、广东西村窑、广东潮州窑、广西藤县窑、广西永福窑、湖南衡山窑、四川成都琉璃厂窑等。

一些瓷窑在生产深受人们喜爱的瓷器产品的过程中，逐渐形成了自己的独特风格。根据各窑产品的工艺、釉色、造型、装饰的异同，形成了各种不同特点和流派，后世的陶瓷专家称为窑系。一般说来，宋代陶瓷可分为六大窑系及几个品种。有的一个窑可以同时仿烧几种不同风格窑系的瓷器。

因此可以说，宋代是制瓷工艺百花争艳的时期，瓷窑遍及南北各地，名窑迭出，品类繁多，除青、白两大瓷系外，黑釉、青白釉和彩绘瓷纷纷兴起，举世闻名的五大名窑：定、汝、官、哥、钧都在这一时期产生，产品被后世所珍重。耀州窑、磁州窑、景德镇窑、龙泉窑等也各领风骚，烧制出风格独特的产品，呈现欣欣向荣的局面，显示了宋代制瓷业取得的卓越成就。

◁ **青白釉贴塑龙纹瓶　宋代**

高37.5厘米

瓶盘口，口沿外卷，颈部内收，溜肩弧腹，腹下渐收，短直圈足。颈部贴龙纹雕塑，龙纹盘绕于颈间，其下贴编织状弦纹于腹上。瓶上置一盖，盖钮作叶颈状，盖顶扁圆，盖沿上翘。瓶通体施影青白釉，釉质清澈，釉色青蓝。

△ **钧窑红斑洗 宋代**

高3.7厘米，直径15.5厘米

此件盘板沿、浅身、圈足。器内、外、底足满施天青釉；盘内外、底足大块紫红斑点缀其间，红、蓝相互辉映，斑驳绚烂。此盘制作形制规整，简洁质朴。通体满本玫瑰紫釉，十分少见，釉色灿烂，宛若朝霞，自然流淌，瑰丽莫测。釉中红斑蜿蜒曲折几条不规则的纹路，为烧窑时釉面聚积流动之痕迹，却在不经意间为釉面增添了几分自然美韵。

◁ **莲瓣纹鸟食缸 宋代**

高3.5厘米

▷ **影青凤纹斗笠碗 宋代**

高6.3厘米，直径17.5厘米

此碗瓷质极薄，釉似白而青，暗雕花纹，内外都可映见，故称影青、隐青或者罩青。此碗口沿微侈，形态舒展。胎质轻薄，釉色匀净清雅，内壁模印凤穿花图案，模印清晰精致；迎光视之，胎如透明，龙凤纹隐现，显得格外清晰秀美。

7 | 辽金元三代瓷器的发展

（1）辽代瓷器的发展

辽朝是916年我国契丹族在北方建立的地方政权，辽瓷以富有游牧民族特色的造型而著称于世。1125年，女真族灭辽，建立金朝，统治着我国北方广大地区，继承了辽和宋的瓷业基础，生产了许多传世产品。

契丹人原以游牧、渔猎为生，后来逐渐转向以农业、畜牧业为主的定居生活。由于定居生活的需要，手工业生产随之发展起来。辽代手工业工匠主要来源于在战争中被俘虏的中原地区的各行各业的制作工匠。据史料记载：辽兵占领定州长达八个多月，以后又不断侵扰，"尽驱人民入蕃"，这里肯定有定窑工匠在内。工匠入蕃后，将中原地区先进的生产技术带到了契丹辖区内，促进了辽代瓷业生产的迅速发展。

辽代制瓷业，是辽代手工业中的一个重要组成部分，由于在技术上受中原文化影响，所以制瓷工艺与中原北方各窑也大致相似。不过由于地域和民族的差别，还具有某些地方特色和民族风格。

因此，辽代瓷器可以划分两大类，即中原类和契丹类。中原类型的瓷器有从北方流入契丹的，也有北宋工匠流转到辽地后在当地

△ 三彩龙纹砚台及海棠形笔洗 辽代

砚长17.8厘米，垫圈长14厘米

烧造的。这一类型瓷器的主要器型有注壶、温碗、盖罐、小罐、盏托、长颈壶、花口碗、唾盂、香炉、盘、碟、杯等。精细瓷器胎白、坚致，釉润似玉，颜色白中闪黄，外壁多刻莲瓣纹。有的底足阴刻"官"或"新官""尚食局"等题款。当系官窑制品，产品胎质莹白坚致，釉色白而微微泛青，十分精致。

契丹类型的瓷器主要器型有鸡冠壶、凤首壶、长颈瓶、鸡腿瓶、穿带壶、海棠式盘等。单色釉品种较多，有白釉、黄釉、绿釉、酱釉、茶叶末釉，也有部分三彩釉及白釉剔花的。

鸡冠壶、穿带壶以用皮子缝制的皮囊壶为原型。鸡冠壶的一般形式是上薄下厚、上扁下圆，上端有管状流口，旁边或有鸡冠状饰物、马鞍状饰物，或有半环梁、圆环梁、横梁等。有的鸡冠壶的边缘，甚至做出连接皮子的缝线和针脚。辽代鸡冠壶一般说矮的比高的时代要早；壶的上部鸡冠或马鞍饰物有单孔的比有双孔的要早；平底足的比凹底足的要早。穿带壶一般上、下两边有供穿带用的鼻子。瓶的造型一般是口呈杯状或喇叭口状，较深，颈长肩宽腹高，底足外撇。凤首瓶的口部做成高深的凤冠杯状，张目，有曲喙张口的，也有曲喙衔珠的；长颈有做成竹节状的，也有饰弦纹的；其余部位和长颈瓶略同。鸡腿瓶、鸡腿罈的器身瘦高像鸡腿一样，海棠式盘有椭圆、正方形、长方形等，花口斜壁，平底。有单色釉，也有三彩釉，盘心多有凸起印花。辽三彩和唐三彩的不同之处在于：唐三彩是淋釉，靠釉子在高温中流动形成斑斓的色彩；而辽三彩却在印花纹饰上涂抹色彩，颜色稳定。契丹类瓷器除了单色釉或三彩釉外，也有白釉上剔、画、刻花装饰的，如北京故宫博物院收藏的一件牡丹纹罐，在胎上涂白色化妆土后，腹部又涂一层黑色化妆土，纹饰剔到白化妆土后罩透明釉一次烧成，全器以黑地衬托出牡丹的洁白，对比鲜明，符合北方民族粗犷的审美意识。再如山西省大同市博物馆收藏的剔花梅瓶，全器涂白色化妆土后在上腹部剔地留折带纹及卷草纹，罩透明釉烧成后，纹饰雪白，地子微红，整个器物色调柔和、纹饰豪放。辽瓷的划花装饰或在鸡冠壶的上腹部、长颈瓶或罐的腹部，或在海棠盘的内底很潇洒地刻画几笔，通常画折枝花或朵花，有的清秀，有的豪放；划痕有粗有细。天津艺术博物馆收藏的辽三彩盆，在内心中只寥寥几笔画出的双鱼，既简练，又生动。印花多用于盘、碗、盆等圆器上，纹饰凸起，多印牡丹、莲花、菊花等纹饰。

白瓷为辽代瓷器的主要产品，这一时期也兼烧白釉黑花和黑釉瓷器。白瓷的制作比较好，受邢窑和定窑的影响比较大，制品有精制和粗制两种，精制的可与定窑上品媲美。

辽代的瓷窑遗址,现今在内蒙古、东北三省、北京发现有多处,如林东辽上京临潢窑、林东白音戈勒窑、辽阳江官屯窑、赤峰缸瓦窑、北京门头沟龙泉务窑等。

由上可知,辽代的契丹类瓷器大件比较粗糙、坚硬,小件有的很精细,但是胎子略松软。除个别品种外一般都有化妆土,施釉薄,大多数可看见胎釉中的杂质。造型多具有少数民族的地域风格。

(2)金代的瓷器

金代是女真族于北宋末年(1115)在东北、华北地区建立的一个地方政权。金代的制瓷业在前代的基础上,取得不少令人注目的成就,是中国瓷器史上不可或缺的一个重要组成部分。

△ **山西窑黑釉剔花鱼纹瓶 金代**
高22厘米

△ **黑釉褐斑碗 金代**
直径18.5厘米

碗口内敛,弧腹下渐收,圈足外撇,足底内高外低。内外施黑釉,色泽黑亮,釉层凝厚。外壁有明显的垂釉痕迹,近足处露胎无釉,黄白色胎。碗内壁黑釉之上,平均分布着五块褐色斑点,由上而下自然流淌至碗心,似毛笔点刷而成,潇洒自如给人以无穷想象。

金代前期的瓷器主要在东北地区生产，窑址主要分布在今辽宁抚顺的大官屯和辽宁辽阳江官屯，由于受辽瓷影响较大，这一时期的产品绝大多数为日用粗瓷。考古发掘时窑址内没有发现匣钵等遗物，说明在烧造过程中瓷器直接和火焰接触。因此，不论是黑釉、酱釉、白釉、茶叶末釉，还是白釉黑花瓷，釉面都比较混浊。瓷器胎子粗厚，烧结程度不高，因为成型工艺比较粗糙，造型极不规整。主要器型有：碗、盘、碟、罐、瓶、壶等，其中壶和罐一般有双系、三系或四系三种。金代前期瓷器制作时大多数粗陋草率，仅见有白釉黑花瓷，与辽代白釉黑花瓷很相似。也会出现少数精美品，比如辽宁博物馆收藏的白釉黑彩葫芦形执壶，龙柄、短流，一人骑坐于流后，造型新颖奇特，是金代瓷器中绝无仅有的精品。

△ **白覆轮铁锈花莲子碗 金代**

直径15厘米

此碗满施黑釉，盏直口，釉厚垂于足上而止，外壁流釉有如鸟之羽翼，呈现出显著云状和块状斑点，犹如节日夜空的礼花般缤纷，口覆白轮，黑白分明，即日本陶瓷界所称之"白覆轮"工艺手法，碗内亦饰铁锈花装饰。

△ **定窑葵瓣形刻花大碗 金代**

高9.0厘米

此碗葵口，口沿有包铜，弧壁，圈足。尺寸为同类定窑器物中之不多见者。釉色明亮莹润，白中透粉，胎质细腻坚实，极为难得。碗内花卉纹饰精细，刀工奔放流畅，一气呵成，力透碗背。

北宋末年，宋、金连年战争，导致北方中原地区瓷业受到浩劫，直到金迁都燕京（1153）后，中原地区的瓷业才得以恢复和发展，北宋因战争被破坏的瓷窑也得到了恢复。这一时期的瓷窑主要有钧窑、定窑、耀州窑、磁州窑等。

钧窑在金代继续烧造，其生产范围也逐渐从河南扩展到河北、山西等地。成品瓷质比较坚细，呈现灰褐色；灿而莹润，有的有开片；烧制工艺主要继承北宋的风格，但是天青釉中有大块的紫红斑是这一时期钧窑瓷器的显著特点。釉色有月白、紫斑、粉青等特点，质量不逊于北宋。金代钧窑红斑长颈瓶，造型秀美，釉质光润，釉色为天青与大块玫瑰紫斑错综相间，但以玫瑰紫斑为主，好像在蔚蓝的天空中涌现的满天红霞，给人以变幻莫测的色彩美，显示了金代钧瓷独特的风貌。

金代定窑是北宋定窑的继续。到了约12世纪中期，定窑恢复了往日的活力，所烧瓷器再次达到相当高的水平。金代定瓷的特点是：胎质细白，白釉呈乳白色。器物有碗、洗、盘、瓶等，制作十分规整。装饰方法有印花、刻画花两种，以印花装饰为主。例如，金代定窑白釉印花缠枝牡丹纹菊瓣盘（1974年出土于河北省曲阳县），盘口呈现折沿菊瓣状，盘身呈现菊瓣形，制作极其精巧，盘心印有缠枝牡丹纹，印花清晰、生动。

金代时期定瓷的装烧方法除了一部分产品依然采用宋代的"覆烧"工艺生产部分"芒口"瓷外，另外有一部分粗瓷产品则采取的是砂圈叠烧法进行烧制（即把碗心一圈刮釉后叠烧），采用这种新工艺烧制的瓷器产量高、成本低，这是金代瓷匠的创新之举。

金代时期磁州窑仍以白釉黑花瓷器为主，造型艺术和装饰技法都富有浓厚的生活气息。常见器物有：碗、盘、碟、罐、枕、盏托、三足炉等；装饰图案丰富多彩，绘画技法粗犷不羁。比如，磁州窑白地黑花鸟纹虎枕，枕作卧虎状，背为枕面，上施白釉绘黑彩芦塘秋禽图，就像一幅中国传统水墨画的画面。枕底墨书"大定二年六月廿六日口家"（大定二年为1162年），大定为金世宗的年号，这是一件具有纪年款的比较重要的器物，可作为分期断代的标准器物。

耀州窑在金代仍以烧制青瓷为主，也有黑釉、酱色釉和白釉黑花等。青瓷釉色多为姜黄，胎质浅灰稍粗，器物以日常生活用瓷为主。装饰花纹由宋代布满器身的风格趋于简单，逐渐变为刻印花卉或圆圈、六长方格式的图案，并有犀牛望月纹、八卦纹、水波纹等。装饰技法以印花为主，刻花少见。瓷器的烧造，大多采取类同定窑的砂圈叠烧工艺，器物内心留有一圈无釉的"涩圈"。

金代除上述地区生产瓷器外，还有山东淄博、山西介休、安徽萧县等地瓷窑，说明在金代统治的一百多年间，北方的陶瓷生产虽然由于战争破坏，受到一定影响，但随后就恢复生产，并取得一定成就，在中国瓷器史上应占有不可磨灭的一席之地。

总之，金代后期瓷器基本承袭宋制，但又有自己的民族和时代风格。

（3）元代的瓷器

元代（1271—1368）只有九十多年的历史，早期北方连年战争，民不聊生，宋代有名的大窑场相继衰落或停烧，一些窑虽还在继续生产，但已达不到宋代的高水平了。因为战争，百姓流离失所，一些手工业工匠渐渐汇集到远离战乱、生活相对稳定的南方。1280年，元朝统一全国，结束了宋、金、西夏三方对峙的分裂局面，战争逐渐停息，社会相对安定下来，经济有所发展。国内市场的统一，商品经济的繁荣，进一步刺激了手工业的发展。元代对于具有一定技能的工匠较为重视，官匠免除其他一切差役，其职业可世袭，这在客观上对手工业的发展提供了有利条件。同时元代对瓷器生产极为重视，元代税收中列有"瓷课"一项，也说明瓷器的税收已作为朝廷的一项重要财政收入。因此可以看出，元代的制瓷业在宋、金的基础上又有所发展。单从窑址的数量上看，元代比宋代有所减少，但从质量上看，一些品种又有所突破，尤其是釉下彩绘瓷及单色釉瓷器，得到空前的发展。1278年，景德镇设立"浮梁瓷局"，这在当时中国的许多瓷区中是唯一的建制。由于元王朝在景德镇设立瓷局，为景德镇瓷业生产的发展创造了有利的条件。加之江西景德镇有大量优质的制瓷原料和燃料，交通运输也较便利，又聚集了各地优秀的工匠，使得景德镇逐渐成为中国制瓷业的中心，而且经久不衰。元代后期由于海上交通发达，政府又比较重视对外贸易，使包括制瓷业在内的手工业生产有很大的提高。从传世和出土的元代瓷器来看，当时景德镇除继续烧造青白瓷外，又创烧了卵白釉瓷，特别是青花瓷的逐步趋于成熟和釉里红的初步创烧成功，使我国瓷器的装饰艺术进入了一个崭新的时代，并以旺盛的生命力迅速发展起来，为景德镇迎来了空前的繁荣。

元代青花瓷器在中国陶瓷史上占有重要的地位，近二十多年来，国内在元代居住遗址、元代窖藏、元墓和明初墓葬中，陆续出土了不少元青花，如河北省保定市窖藏、北京元大都遗址、浙江省杭州元墓、江西省高安县窖藏、安徽

△ 龙泉窑琮式方瓶 元代
高24.7厘米

省安庆市元墓以及江苏省南京明初墓葬等二十多处，特别是景德镇湖田元青花窑址的发现，为我们探索元青花提供了极为宝贵的资料。

元代青花瓷器造型上总的风格是形大、胎厚、体重，器物主要有罐、梅瓶、玉壶春瓶、执壶、高足杯、四系小口扁壶、菱口盘匜等，不胜枚举。

元代青瓷的装饰点是层次多，画面满，从器口直到器足，满饰各种花纹，但层次清楚，繁而不乱。纹饰种类繁多，有人物故事、松竹梅、龙凤花鸟、水禽瓜果、游鱼、海马、异兽、云肩、变形莲瓣及杂宝等。

◁ 钧窑小碗 元代
直径8.7厘米

△ 绞胎盏 元代
直径8.9厘米

△ 龙泉窑刻花大盘 元代
直径41.3厘米

△ 青花云龙纹双兽耳大罐 元代
高37.7厘米

△ 龙泉窑刻缠枝花卉纹罐 元代
宽28厘米

元代是古代瓷器发展的重要时期，起着承前启后的重要作用，源自宋代的钧窑、磁州窑、景德镇窑、龙泉窑、德化窑等名窑继续发展。景德镇窑开始使用瓷石加高岭土的"二元配方法"，使得三氧化二铝的含量进一步提高，烧制温度由此也可以相应提高，烧出了颇具气势的大型器。元代还烧制成功卵白色的"枢府"釉。在景德镇等地白瓷高度发达的基础上，高温釉下彩品种——青花、釉里红瓷器普遍出现，成为中国瓷器史上又一里程碑。

△ **青花云龙纹兽耳罐 元代**
高38厘米

◁ **青花花卉四系罐 元代**
高16.6厘米

第一章 瓷器的起源和发展

▷ 油滴斗笠碗 元代
直径15厘米

◁ 白釉印双鱼游鸭盘 元代
直径16厘米

▷ 龙泉刻花美酒清香大罐 元代
高26.5厘米

8 | 明代瓷器的发展

朱元璋结束了元代统治，建立了明朝（1368—1644）。明朝建立后，朝廷采取了一些恢复和发展经济的措施，在一定程度上推动了社会生产力的发展。例如对于手工业，改变了元代对手工业工人采取的工奴制度，采用"轮班匠"和"住坐匠"制度，这对于当时手工业生产的发展，有很大的促进作用。手工业中的瓷业生产，在宋、元的基础上，呈现更加繁荣兴盛的景象。

从明代开始，"天下窑器所聚"（《二酉委谭》），至精至美之瓷，莫不出于景德镇。明代景德镇的青花、白瓷、彩瓷及单色釉瓷等品种繁花似锦，五彩缤纷，取得了卓著的成就，景德镇终于发展成为全国的制瓷中心。

△ 龙泉窑福寿双耳瓶 明早期
高19.7厘米

◁ 龙泉窑暗刻花卉大盘 明早期
直径46.4厘米

此盘形制硕大，敞口，圆唇，弧腹，底承圈足。胎体坚致，通体施青釉，釉色青灰，肥润沉静，玉质感强，刮釉垫烧，仅在圈足内有一圈无釉，呈火石红色。盘外壁光素无纹，内壁满刻缠枝花卉纹一周，盘心亦饰花卉纹，刻工娴熟，刀法流畅，装饰简洁，沉稳大气而不失秀雅。

第一章 瓷器的起源和发展

◁ 龙泉刻缠枝花卉执壶 明洪武
高16.5厘米

景德镇位于江西省东北部,地处群山环抱之中,昌江傍镇而过。景德镇具有得天独厚的自然条件,浮梁县的麻仓山以及附近星子、乐平、婺源、余江和波阳等县尽是山陵地带,蕴藏着大量的高岭土、瓷石、釉果和耐火土一类矿物。这些制瓷原料不但杂质含量少,工艺性能好,适宜于制造高级瓷器,而且蕴藏量极为丰富。景德镇及其四乡山区,盛产松木和其他杂木。松木火焰长,烧瓷最为合适,为烧窑提供丰富的燃料。很多瓷窑设于昌江及其支流沿岸,河水可供淘洗瓷土。设置水碓,利用水力粉碎瓷土。同时,昌江水运畅通,大批瓷

△ 钧窑花盆 明早期
直径25厘米

器可顺流而下至鄱阳湖，转由当时重要的通商口岸如九江、南京、扬州等地，运销国内外市场。

据嘉靖时成书的《江西大志》记载，洪武三十五年朝廷在景德镇设置御窑厂，专烧宫廷用瓷，并派督窑官监督控制生产。《景德镇陶录》记载："明洪武二年，就镇之珠山设御窑厂"。根据记载可以知道，景德镇最晚在洪武末年，已设御窑厂烧造官窑瓷器了。由于景德镇集中了全国最优秀的工匠，不惜工本，源源不断地试制出精美的新产品，如永乐的豆青、甜白、鲜红等单色釉，宣德时的宝石红、宝石蓝、洒蓝及青花瓷，成化时的斗

△ **青花云龙纹扁壶 明永乐**
高51.2厘米

◁ **青花缠枝莲花卉大碗 明宣德**
直径30厘米

▷ **青花缠枝花卉纹碗 明宣德**
直径19.5厘米

◁ **青花一把莲纹大盘 明永乐**
直径42厘米

此盘尺寸较大,烧成难度大。板沿,浅腹,圈足。板沿上绘海浪纹,内外壁各一周缠枝花卉纹,相互呼应。盘心为一把莲纹。大圈足底不施釉。采用苏麻离青作为青料,发色浓艳,铁锈斑点明显,绘工舒展流畅,充分借鉴国画的笔墨意韵,尽展永宣青花之神韵。

◁ 青花缠枝花卉龙纹大盘 明嘉靖
直径77厘米

▷ 绿彩云龙纹盘 明嘉靖
直径31厘米

第一章 瓷器的起源和发展

彩，弘治时的娇黄釉，正德时的素三彩以及嘉靖、万历时的五彩瓷等，都是十分名贵的珍品，把中国的制瓷业，推向了新的高峰。

除景德镇外，浙江的龙泉窑仍继续烧造青瓷。福建德化窑的白窑，云南玉溪、建水窑的青花瓷等，均负有盛名。

明代瓷器胎体比元代的轻薄，由于此时用麻仓土做胎，因此在阳光下看瓷胎发黄或肉红色，釉面较厚肥润，像在玻璃上滴的羊脂，这一特点在明中后期瓷器底部最为明显。修胎不很精细，立器多有接胎痕，圆器多塌底，圈足背多左右斜削成尖状或左右斜削再平削一刀成平面倒角。明代单色釉品种很多，质量精，但数量相对少，成功之作的价值丝毫不逊于其他种。

◁ **青花狩猎图长颈瓶 明崇祯**
高37.5厘米

△ **青花清白廉洁纹大碗 明万历**
直径32厘米

9 | 清代瓷器的发展

1644年,清王朝统一全国以后,为了有利于它的长治久安,采取了一些开明的措施,例如豁免一些赋税、对于部分手工业工匠废弃了"匠籍"制等。这些措施对于瓷器生产的发展,具有一定的促进作用。中国的陶瓷手工业,发展到清代的康熙、雍正、乾隆三朝臻于鼎盛,达到历史的最高水平,进入我国陶瓷史上的黄金时代。康熙、雍正、乾隆是清朝盛世,国泰民安,物质丰富。制瓷业经过一千多年的发展,此时已达到历史上的最高水平。由于皇帝亲自过问瓷器的生产,督窑官努力钻研制瓷工艺技术,借鉴其他手工业门类及国外新工艺,与工匠们共同创烧了很多新品种,如珐琅彩、粉彩、各种颜色釉、仿生瓷

△ 五彩三星图凤尾尊 清康熙
高44厘米

▷ 青花五彩鱼藻纹盘 清康熙
直径13.7厘米

△ 青花开光西厢记故事图碗　清康熙
直径20厘米

等，争奇斗妍，无与伦比。乾隆以后，清政府日益腐败，中国封建社会逐渐瓦解，瓷器生产也由繁荣到衰退，从此一落千丈。

清代普遍实行"官搭民烧"制度，康熙十九年（1680）以后在景德镇恢复了御窑厂，无论是官窑和民窑，烧瓷技术在明代的基础上，进一步有所提高。清朝皇帝还亲自过问景德镇的瓷器制作，有些官窑瓷器式样的设计，先由内廷向皇帝进呈瓷样，由皇帝提出具体要求，再交给工匠去制作，甚至先做好木制模型，令官窑照样制作。皇帝还派官吏到景德镇监督官窑生产，康熙时期著名的督窑官有内务府广储司郎中徐廷弼、主事李延禧、工部虞衡司郎中臧应选、笔帖式车尔德、江西巡抚郎廷极。雍正时期有年羹尧、唐英。唐英到乾隆时期还继续任督窑官，他对景德镇制瓷工艺非常熟悉，所著《陶成纪事碑》和

△ 斗彩仙鹤献寿纹盘　清康熙
直径20.8厘米

△ 娇黄釉大碗　清康熙
直径37厘米

△ 青花地绿彩龙纹盘　清康熙
直径32厘米

△ 青花宝相花纹折沿大盘　清雍正
直径45厘米

▷ 青花山水风景图笔筒　清雍正
直径20厘米，高16.4厘米

《陶冶图说》等书是我国清代制瓷工艺史的宝贵资料，对今天研究陶瓷工艺仍有重要的参考价值。清代前期景德镇制瓷业的高度成就，除了制瓷工匠的劳动创造是根本因素外，统治阶级的重视和个别督窑官的贡献确实也起过一定的作用。

清代陶瓷产区很多，但是景德镇始终保持着中国瓷都的地位，并且比明代更为突出，除了宫廷用瓷外，社会上的民间用瓷绝大部分也由景德镇供应。景德镇以外地区的窑场多数只是生产一些缸、坛之类的日用陶器。明末的情况是官窑衰败，但民窑由于国内外销量十分大而极为兴旺，清初在景德镇民窑从事制瓷的工人有数万之众，法国传教士昂特雷科莱（汉名殷弘绪）在康熙五十年（1712）九月一日于饶州发出的一封信，记述了当时景德镇的繁盛景象："景德镇拥有一万八千户人家，一部分是商人，他们有占地面积很大的住

第一章 瓷器的起源和发展

△ 仿哥釉葵口碗（一对） 清雍正
直径12厘米

宅，雇佣的职工多得惊人。按一般的说法，此镇有一百万人口，每日消耗一万多担米和一千多头猪。……《浮梁县志》上说：昔日景德镇只有三百座窑，而现在窑数已达到三千座。……到了夜晚，它好像是被火焰包围着的一座巨城，也像一座有许多烟囱的大火炉。"这里的数字可能有些夸大。但清初开始，景德镇的民营制瓷业就已十分繁荣，这是事实。当然，代表景德镇制瓷最高成就的，仍然是官窑。

官窑在清初顺治就已恢复，但初期并无显著的成就，康熙十九年（1680）以后，官窑的烧制走上正轨，在各朝帝王的直接关心下，取得了十分巨大的成就。从总的情况看，清代官窑自康熙始，不但恢复了明代永乐、宣德以来所有的品种特色，而且还创烧了很多新的品种。清代官窑重视单色釉的制作。康熙朝恢复了明代

△ 仿官釉穿带瓶 清雍正
高17.7厘米

中期以后衰落的铜红釉烧制技术，康熙的郎窑红和豇豆红独步一时，当时的天蓝、洒蓝、豆青、娇黄、仿定、孔雀绿、紫金釉等都是成功之作。

康熙朝的民窑五彩器和由宫廷引进国外彩料创烧的珐琅彩瓷，为雍正朝盛行的粉彩瓷奠定了基础。

雍正一朝虽然时间极短，但官窑制瓷工艺之讲究可说到了登峰造极的地步。雍正朝烧成了发色最鲜艳的釉里红，青釉的烧造也达到了历史上最高水平，雍正的官窑器胎、釉精细，从其底足柔润的程度，就可衡量其精细的程度。雍正朝的粉彩器，不论官、民窑，都是极为讲究的，自雍正开始的整个清代，粉彩成为彩瓷的主流，它和青花两个品种在整个景德镇烧造的瓷器中占了极大的比重。

乾隆朝的单色釉，青花、釉里红和珐

△ 青花松鹿纹碗　清雍正

直径11.6厘米

△ 外斗彩云鹤纹内五彩双龙戏珠纹盘　清雍正

直径11.5厘米

△ 青花万寿无疆碗　清乾隆

直径18.2厘米

△ 胭脂红釉菊瓣盘　清乾隆

直径17.8厘米

琅彩、粉彩瓷的制作，在继承雍正朝的基础上，都有极精致的产品。乾隆以后，随着整个社会经济的衰退，景德镇的制瓷业也逐渐趋于衰落。

△ 祭蓝釉象耳琮式瓶　清乾隆
高28.7厘米

△ 青花缠枝莲托八吉祥纹盉壶　清乾隆
高17.3厘米

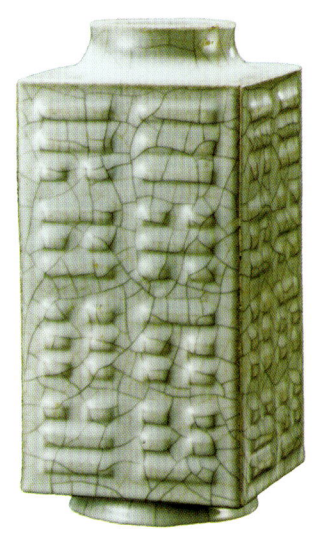

△ 仿官釉八卦纹琮式瓶　清乾隆
高28.3厘米

△ 青花缠枝花卉纹琮式瓶　清乾隆
高38.4厘米

第二章

瓷器鉴赏

一 名窑瓷器鉴赏

中国历代名窑较多，本部分内容为选择性收录，以供读者阅读和参考，现分述如下。

1 | 景德镇窑

景德镇窑在中国的瓷器制造上具有悠久的历史和传统。此窑从五代时期就已经开始烧制瓷器，直至明代共经历了四百多年的历史。在这四百多年的时间里，中国历史上的名窑逐渐兴起，遍及全国各地，名噪一时，风行一世，但大多都持续时间不长，就又一个个地衰落，最终都被淘汰。到了明朝以后，钧窑、龙泉窑、磁州窑等窑系的瓷器都已经无法再与景德镇的青花、彩瓷和颜色釉瓷相匹敌，它们或是停止生产，或是走向衰落。而景德镇的瓷器制造工匠们在自己世世代代的丰富实践经验积累的基础上，兼收并蓄历朝历代各地名窑所长，不断地加以发展和提高，由原来与各地名窑并驾齐驱的地位，逐渐发展到了独占鳌头的局面，最后景德镇当仁不让地成为全国的制瓷业中心。

景德镇位于江西省的东北部地区，地处群山环抱之中，昌江从镇边缓缓流过。景德镇具有得天独厚的自然条件，浮梁县境内的麻仓山以及附近的星子、乐平、婺源、余江和波阳等县全部都是山陵地带，那里蕴藏着

△ **景德镇窑青花四爱图梅瓶 元代**
高37.6厘米

此梅瓶胎体厚重，白釉泛青。器外通体绘青花三组：肩部以一周如意纹为边饰，绘凤穿牡丹纹，其下绘一周锦地纹；腹部为主题纹饰，四面菱形开光内依次绘爱兰、爱荷、爱梅和爱菊四组人物图，开光之间绘上下对称的如意状卷草纹；腹下部绘变形莲瓣纹，以如意纹与腹部纹饰相间隔。

△ **景德镇窑青花五彩莲池鸳鸯图碗 明宣德**
高8厘米

器作敞口、圈足。通体施白釉，釉色微闪青。内外均绘青花五彩图案，主体纹样为腹部的鸳鸯莲池纹，红彩为莲，绿彩为荷，两对戏水鸳鸯用红、绿、赭彩及青花勾画、涂绘，色彩鲜艳，线条流畅。外口沿绘青花云龙五条。圈足外沿绘青花海水一周。

△ **景德镇窑青花缠枝牡丹纹大碗 明正德**

高12.5厘米，口径26厘米

  直口圆唇，深腹，呈墩子式，足端面平整，内底微下凹，圈足中心微外凸。釉面滋润，釉色白中闪青。青花呈色鲜丽，能分出浓淡层次，无黑疵点。内底心绘一折枝牡丹，外壁主纹缠枝牡丹线条活泼流畅，与外口沿及胫部所饰规整的如意纹及变体莲瓣纹构成了一幅动静相应的画面。

  大量的高岭土、瓷石、釉果和耐火土一类的矿物。这些制瓷原料不但杂质含量很少，工艺性能十分良好，非常适合于制造高级的瓷器，而且蕴藏量也十分丰富。

  景德镇及其四乡所产的山木火焰长，烧瓷最为适合，烧窑所需的材料完全可以充分地提供。很多瓷窑设在昌江及其支流的沿岸，河水可供淘洗瓷土；工匠设置水碓，利用水力粉碎瓷土。另外，昌江的水运比较畅通，这样大批瓷器可以顺流而下直至鄱阳湖，转由当时非常重要的通商口岸，如九江、南京、扬州等地，运销到国内外市场。

△ **白釉凸雕红蟠螭纹蒜头瓶 明嘉靖**

高30厘米，口径2.6厘米，足径10厘米

  景德镇窑。瓶口为蒜头式，细长颈，溜肩，腹下部饱满，圈足。颈肩部凸雕蟠螭纹和灵芝纹，寓意"祥福"。通体施白釉，凸起的纹饰则施红彩。此瓶装饰奇特，蟠螭形象生动，表现出较高的瓷塑艺术水平。

▷ **景德镇窑青花龙凤纹罐 明嘉靖**

高21.8厘米

  全器通体施白釉，釉色泛青，器身绘青花，青料呈色浓艳泛紫。所绘图案为四面开光，开光内分别绘龙、凤、凰、鹤四种图案，开光上下绘灵芝纹，胫部饰双勾重瓣仰莲纹。

2 | 长沙窑

长沙窑位于今天的湖南省长沙市铜官镇瓦渣坪,又称为"铜官窑""瓦渣坪窑"。其烧瓷的品种十分丰富,在唐代来说是首屈一指的,以烧制青瓷为主,兼烧少量白釉、褐釉、酱釉、绿釉和蓝釉等,创烧于中唐时期,盛行于晚唐,衰终于五代时期,是唐代南方很重要的青瓷窑场之一。长沙窑的品种既有壶、瓶、盘、碗、杯、碟、灯等日常生活的必需用品,也有生动可爱、别具匠心的鸟、狮、猪、鱼、青蛙等玩具。特别是对罐、瓶、壶的口、腹、系、流等部位的精心打造,创造出了许多形式多变,意象生动的外形。

△ **长沙窑青釉褐蓝彩连珠纹罐**
口径8厘米,底径9.3厘米,高15.5厘米

◁ **长沙窑绿釉唾盂**
口径16.5厘米,底径7.5厘米,高10厘米

▷ **长沙窑青釉奔鹿纹壶**
口径8.5厘米,底径10厘米,高19厘米

◁ **长沙窑青釉褐绿彩花草纹壶**
口径8.5厘米,底径9.5厘米,高18.5厘米

3 | 汝窑

汝窑位于河南省的宝丰县清凉寺（又叫青龙寺），烧造时间大约是在北宋神宗到徽宗（1068—1125）时期，是宋代的五大名窑之一。汝窑号称是宋代名窑之首。徐兢《宣和奉使高丽图经》、陆游《老学庵笔记》等都有记载。因为"定州白瓷器有芒"，所以"不入禁中，惟用汝器。"从窑址出土的标本看来，釉色以天青釉为主，淡天青次之，还有极小部分的豆青釉，其中以天青釉瓷是最精致的。汝窑接受宫廷的烧瓷任务，烧制汝官窑青瓷器，产品十分精美。所以宋代才会有"汝窑为魁"的说法，将宋代青瓷推为首位。汝窑为北宋宫廷烧瓷年代其实很短，大约只是在宋徽宗赵佶在位期间（1101—1125）的20多年时间里。

4 | 官窑

南宋官窑位居我国古代五大名窑之首。据史料的记载，北宋汴京官窑随着北宋王朝的灭亡而完结，高宗南渡后在杭州另立了新窑，这是汴京官窑的延续。南宋建都临安（现今杭州），建立了修内司、郊坛下窑，专门生产宫廷专用的御品，故称"南宋官窑"。南宋皇朝灭亡之后，官窑基本全部被毁坏，工匠流离失所。现如今的传世珍品不足百件，而且还散落在世界各地，它们价值连城，素来享有"瓷器明珠"的美誉。

▷ **郊坛官窑菱花式瓶　南宋**

高17.1厘米，宽6.6厘米，直径14.5厘米

△ **仿官窑壶　清雍正**

高26.5厘米

△ **官窑双鱼耳炉　元代**

宽10.5厘米

5 | 哥窑

哥窑是宋代的五大名窑之一，是汉族传统制瓷工艺中的稀世珍品。哥窑的釉质浓厚纯粹，并不怎么莹澈，釉内多有气泡，如珍珠般若隐若现，故通称"聚沫攒珠"。釉色宝光内蕴，润泽如酥。纹片的种类繁多，以纹形而称之有细碎纹、纲形纹、大小格纹、冰裂纹、梅花纹等，以纹道而称之有鱼子纹、鳝鱼纹、黑蓝纹、浅黄纹。

流传于世的哥窑器物，较为常见的有各式炉、瓶、洗、碗、盘、罐等。不过，哥窑窑址是中国陶瓷史上的悬案之一，至今仍未能确认。

△ 哥窑笔筒 清雍正
高10.5厘米

◁ 哥窑海棠式花盆 元代
长14.6厘米

6 | 钧窑

钧窑是宋代的五大名窑之一，因其所在地禹县古称"钧州"而得名。据近年考古发掘资料分析，钧窑的烧造历史开始于晚唐，全盛于北宋时期，延续于金、元，前后长达700多年之久，产地以河南省禹县（古称钧州）为中心，向四周扩展蔓延。目前在全国的12个市、县都发现了不同时期的烧瓷窑址。南起河南临汝、峡县、新安、鹤壁集、安阳、林县、浚县、淇县，北达河北省的磁县，山西省的浑源以及内蒙古的呼和浩特市，可以说是遍及了华北大地。钧窑在其兴起和衰落的漫长岁月中，始终是一个主要以生产北方民间日用瓷器为主的民间窑场。

△ 钧窑紫斑盘 金代/元代

直径14.3厘米

碗口内敛，圆弧腹，圈足微外撇。通体施钧窑天蓝釉凝厚滋润，清新淡雅。足部因釉水自然垂流有漏釉现象。碗内壁上点缀着三块玫瑰紫色釉斑块，紫中泛青，紫色斑块自然形成一条弧线和两块圆斑，仿佛一张笑脸。

△ 钧窑小碗 元代

直径7.8厘米

△ 钧窑小盏 元代

直径8.2厘米

△ 钧窑大碗 元代

直径18.5厘米

碗略敛口，尺寸较大，十分难得。胎体厚重，呈灰黄色，圈足和外底无釉。碗身釉色呈青色，口沿釉薄处呈褐色，碗内及外壁缀以玫瑰紫釉斑块，色泽典雅。

◁ 钧窑月白釉鼓钉三足洗　宋代

高22厘米，口径20.5厘米

▷ 钧窑碗　元代

直径15厘米

　　碗敛口，弧形腹，碗身釉色呈青色，口沿釉薄处呈酱黄色，并杂有紫褐点，碗内缀以三块玫瑰紫釉斑块。胎体厚重，呈灰黄色，圈足和外底无釉。釉面密布细小开片，淡雅的青色与瑰丽的玫瑰紫相得益彰，古韵十足。

◁ 钧窑天蓝釉钵　宋代

高13.4厘米，直径16厘米

　　此钵造型规整，形制大气，敛口、圆腹、圈足，碗形呈钵式，端庄稳重，不为多见。通体施天蓝釉，器壁施釉不及底，底足经过削制显露出细腻致密的香灰色胎。釉面光泽并带有均匀的气泡；釉色之美更由造型之妙相称，俯视本品，器内每一处转折均见釉色浅淡，以至黑褐坚硬的胎骨若隐若现，使得造型轮廓鲜明，釉质的温柔婉约和器型的刚健硬朗合二为一，别见一番古朴典雅之风韵，折射出工匠们的巧思和皇家审美的品味。

△ 钧窑红斑折沿盘　金代/元代

直径17.5厘米

本品胎质细腻，胎体厚实，板沿口，弧壁，浅圈足，底心内凹，露灰白胎色。诚为钧瓷之佳美者，其形制为金代典型的折沿盘，其色淡蓝，静穆恬谧，见有玫瑰紫斑附饰其上，妍丽隽美，犹如蓝天中的彩霞，色彩丰富，相映生辉。

△ 钧窑红斑碗　元代

直径17.9厘米

△ 钧窑双系罐　元代

高12.3厘米

罐直口，短颈，圆肩腹，圈足。两侧各以短泥条搭接在颈肩部，形成半圆状小系耳。器身有意识将不同釉料泼洒，点染，使之呈现不同情趣。浅浅的天青色上有乳浊釉汁多次施淋的垂流痕，外壁鲜红色紫斑不均匀分布，似以毛笔挥洒而成，图案生动抽象。口沿因釉薄呈现淡黄色，外壁釉不及底，圈足露胎里外无釉。

△ 钧窑三足炉　元代

高10厘米

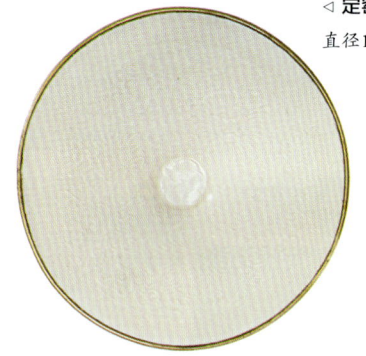

◁ **定窑宝相花纹碗 北宋**
直径17.1厘米

7 | 定窑

定窑位于河北省曲阳县涧磁村以及东西燕山村，宋时这里名定州，所以就叫作"定窑"。定窑是继唐代邢窑白瓷以后兴起的一个巨大的瓷窑体系。

定窑以盛产白瓷而著称，产品在当时曾经风靡一时，北宋中期以后由于瓷质的精良与纹饰秀美，曾被选为宫廷御用瓷。定窑的黑釉器、酱釉器就是大家通常所说的"黑定""紫定"，"黑定""紫定"与白瓷一样，其实都是白胎，黑定釉色漆黑光亮，紫定釉色酱黑。定窑还有金彩描花器，除此而外，还有仿金银器的净水瓶等。

宋代定窑系的孩儿枕，其釉色白中微闪黄，塑成一个童子俯卧于床榻之上，造型生动、活泼。枕头类还有方形枕和锭形枕等。

△ **定窑白瓷刻莲纹洗 宋代**
直径14.7厘米

此莲纹洗为定窑经典品种，敞口，斜壁，浅圈足。通体施白釉，洁白匀净。因采用覆烧工艺，口部一圈镶口。盘心刻画莲纹，花叶婉转自如，布局饱满，却不显繁复，摇曳生姿，自成风韵。线条流畅，运刀如运笔，尤为洒脱优雅。花叶轮廓外还另加复线以增强立体感。

△ **定窑刻花盘 宋代**
直径20.4厘米

此盘通体施白釉，口沿因采用覆烧而未上釉。胎质细腻，釉色洁白。敞口，弧腹，圈足，造型简约。盘心刻有莲花纹饰，运刀简洁古朴，式样素雅，盘口内至口沿有六道细线，为宋代南方定窑窑口之典型工艺。

△ **定窑白瓷轮花纹斗笠碗 北宋**
直径14厘米

第二章 瓷器鉴赏

△ 定窑绿釉刻花纹单柄执壶 五代

高14.5厘米

△ 定窑刻花葵口碗 宋代

高5.4厘米，直径14.2厘米

此碗造型美观大方，比例匀称，釉色洁白莹润，胎质细腻精致。口沿微撇，呈八片葵瓣之形。口沿之下至腹部渐收，圈足外撇。此类葵口碗为宋代经典器形，在宋代的其他窑口中亦可见到同器形作品。碗心内有刻制的花卉纹样，刀工流畅自然，线条简约但一丝不苟，实为难能可贵。

◁ 定窑白瓷观音像 宋代

高10.5厘米

观音头顶宋代流行的一片式高天冠，冠壁中央饰背光佛像，宝缯于两侧垂肩而过。脸庞圆润饱满，面相沉静。着长裙，外披长袍，服饰简练大方，衣纹流畅。观音坐于山石之上，左腿盘起，脚心向外，右腿弯曲立起，右手搭于膝盖，左手支于身后，头微微上扬，似正冥想，平和静穆之态，令人神往。

8 | 邢窑

邢窑位于河北省的内丘县,唐代瓷窑都是以州来命名,内丘在唐代武德五年(622)由赵州改为隶属邢州,所以它才称为"邢窑"。瓷器烧制开始于唐代,盛产白瓷,与同时代著名的越窑所产青瓷齐名。邢窑在中国陶瓷发展史上占有很重要的地位,早在唐代就已有记载了。李肇《国史补》云:"内丘白瓷瓯,端溪紫石砚,天下无贵贱通用之。"陆羽的《茶经》赞颂它为"邢瓷类银""邢瓷类雪"。邢窑是唐五代时期著名的白窑瓷场,享有邢窑白瓷"天下无贵贱而通之"的美誉。

△ **越窑几何纹碗 六朝**
直径17.1厘米

◁ **邢窑白釉罐 唐代**
高19.9厘米

△ **越窑水丞 五代**

高9.5厘米

△ **越窑秘色香薰 五代**

高11.5厘米

9 | 越窑

越窑位于浙江省（今浙江省余姚上林湖滨湖区域），因为这一带古属越州，故名越窑。越窑是中国古代南方的青瓷窑，唐代的烧造地区主要集中在上虞、余姚、宁波等地区，以后便逐渐扩展，形成了越窑窑系。按其主要的器型和烧造风格可以分为初唐时期和中、晚唐时期风格。越窑是唐、五代时著名的青瓷窑场和青瓷系统，在这一时期是发展最鼎盛的时期，代表着青瓷的最高技艺水平，也被称为"秘色窑"，是唐代六大青瓷产地之一。

△ **越窑五管瓶 宋代**

通高23厘米

△ 耀州窑青釉夔龙纹三足炉 金代

高15.2厘米

10 | 耀州窑

耀州窑位于今陕西省的铜川市黄堡镇。铜川宋代时期隶属于耀州，故称为"耀州窑"，是宋代名窑之一。它是以陕西省铜川黄堡镇窑、玉华宫窑等为代表，沿漆水河号称"十里窑场"。烧造时代从唐开始，终于明代，有的研究学者认为该地的唐五代产品或许与陆羽《茶经》所说的"鼎州窑"有关。

△ 耀州窑刻画花纹碗 金代

直径22厘米

△ 耀州青釉缠枝牡丹纹碗 宋代

直径14厘米

◁ 耀州窑印花碗 宋代

高8厘米，直径17.7厘米

敞口，腹壁斜直，小圈足，足削修规整，足底露胎，胎呈灰褐色，胎质坚密。通体施青釉，釉色青中闪黄，露胎处略泛红褐色。碗外部刻画较浅的菊瓣纹，内壁刻花，一周弦纹下刻缠枝花卉叶纹，花叶上均划出叶脉，内底心画出花卉纹。刻画花刀锋犀利、潇洒，深浅有致。花纹清晰，浓淡相间，纹样微凸，具有很好的视觉效果。

耀州窑是目前在国内发掘面积最大，清理出来的窑炉、作坊最多，出土陶瓷标本资源最丰富的窑址之一。耀州窑产品大多以烧制民用瓷器为主，它是宋代北方民间青瓷的主要产区之一，但也以常年例贡的形式烧制黄瓷，提供给北宋宫廷内部使用。北宋末期是它最兴盛的时期，终于明朝的正德、嘉靖年间。

△ 耀州窑刻花盘 金代

直径19厘米

△ 钧窑执壶 北宋

高30.3厘米

◁ 钧窑紫斑碟 宋代

直径27.5厘米

碟平沿，浅曲腹，内底平，矮圈足。碟身釉色呈青色，口沿釉薄处呈酱黄色。碟内及沿边有大块紫斑，接近成环，特别醒目。

△ 龙泉窑翠青釉莲瓣盘　宋代

直径18厘米

此盘敞口，弧腹，圈足。外腹壁刻莲瓣纹，通体施青釉。圈足底裸胎，呈朱红色。此碗所饰莲瓣纹细致生动，规则整饬，而粉润的釉色以及饱和的质感又使其如一朵盛放的莲花，透露出高尚、纯洁的美感。

◁ 龙泉莲瓣碗　南宋

直径14.5厘米

△ 龙泉窑仿官窑贯耳瓶　元代

高16厘米

直口，下腹略鼓，圈足。颈部两侧各有一方形管状贯耳。通体施仿官釉，素面，胎质厚实，釉色润泽，以釉色取胜，釉面开稀疏大纹片，达到了一种独特的装饰效果。

△ 龙泉窑双鱼耳瓶　元代

高24.2厘米

△ 龙泉窑刻菊纹大碗　明洪武

直径38.8厘米

11 | 龙泉窑

龙泉窑位于现今的浙江省龙泉县。龙泉窑属于我国南方的青瓷窑系，生产瓷器的历史较长，是中国的制瓷历史上最长的一个瓷窑系，它的产品畅销亚洲、非洲、欧洲的许多国家和地区，影响深远。龙泉窑从南宋中晚期开始进入鼎盛时期，到了明代的中叶以后便日渐衰落。

烧制时间从宋代至清代，北宋时期的器型主要有碗、盘、钵、盆、罐、瓶以及执壶。器物的胎大体上是灰色或浅灰色，而且釉层比较薄，釉面有流釉及开片的现象发生，釉色为青中带黄，高圈足，修足规整。常见的纹饰有团花、菊花、莲瓣以及缠枝牡丹等。

△ 龙泉窑双兽耳唐草瓶 元代

高26.3厘米

△ 龙泉窑刻花卉纹盖罐 明早期

高25.5厘米

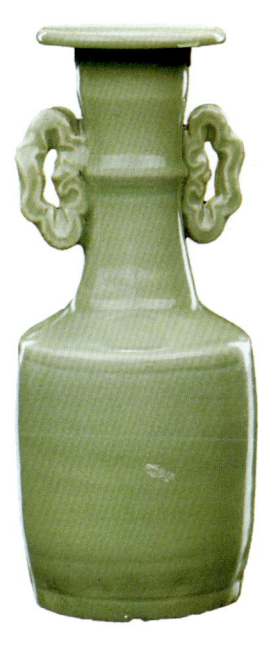

△ 龙泉窑灵芝耳瓶 元代

高17.3厘米

此瓶为龙泉窑典型作品，唇口、直颈、斜折肩、直筒腹、矮圈足、平底，颈部两侧各有一灵芝形附耳，造型别致，秀美典雅。此器素面，无繁复精巧的装饰，整体给人以质朴敦厚之美。通体施粉青釉，釉色柔和淡雅，润如青玉，釉面莹润，釉水肥润，底部釉厚处呈凝脂状。

12 | 吉州窑

吉州窑位于江西省吉安市的永和镇，又称为"永和窑"，因其烧造地点在永和镇。该窑瓷器创烧于五代，于南宋时期发展并兴盛，元末停烧。吉州窑是江南地区一座举世闻名的综合性瓷窑，它具有浓厚的地方风格与民族艺术特色。吉州窑拥有数量众多的能工巧匠，还有丰富的烧瓷经验，这些都对江西地区瓷业的发展提高起到了相当重要的促进作用。

△ **吉州式剪纸双凤纹玳皮天目碗 南宋**
直径14.5厘米

▷ **吉州窑木叶盏 宋代**
高6厘米，直径16.3厘米
此盏敞口、斜腹壁、矮圈足。通体施黑釉，釉色肥厚、匀净，碗内贴印一木叶纹，叶脉清晰，纹理自然，令人称奇。

◁ **吉州窑八卦纹炉 元代**
高13厘米

△ 吉州窑鬲式炉 南宋

高5.4厘米

▷ 吉州窑玳瑁盏 宋代

直径12.2厘米

  敛口，弧腹，圈足，深底。碗外釉至近足部，足裹外露胎，碗内外有不规则变色点状纹形成的"玳瑁釉"，玳瑁釉莹润厚实。胎骨坚致，器形规整大气，制作精良，釉色极佳。

◁ 吉州窑黑釉兔毫盏 宋代

高5.4厘米，直径11.9厘米

  此盏造型古朴，底足无釉，为典型的兔毫茶盏，为吉州窑流行的品种；宋代观茶色、斗茶风盛行，黑釉盏备受青睐。因此，吉州窑大量烧造黑釉"天目"瓷器且装饰手法多样，见此盏内在黄色釉层中排列出均匀细密的胫脉，形状像兔毫，细长拥挤，釉面流动成条条针状，纹理流畅均匀，十分难得。

二 瓷器的器型鉴赏

1 | 实用器

　　古代的瓷器以实用器为主，数量上占绝大多数，按其功用又可具体分为食器、盛器、储器、饮器、水器、服御器、文具、乐器以及其他器型等，种类繁多。常见的实用器如下。

◁ 定窑柿釉瓣口碗　宋代
直径17厘米

▷ 钧窑天蓝釉花口碗　宋代

高5厘米，直径14厘米

　　此件型为六瓣花口，造型如盛开的花朵，温婉雅致，此种器型为宋代此类钧窑典型器，但多见大碗，此种小型器罕见；深弧腹，圈足，足底露胎，造型极其秀美。天蓝釉色，玉质感强，釉层肥厚。最为怡人之处还是釉色，一抹蓝色随釉流淌；碗内外均为典型的天蓝色，静穆恬谧。

◁ 瓯窑刻花碗 北宋
直径14.4厘米

△ 青白釉划花碗 元代
直径19.7厘米

△ 钧窑天蓝釉碗 宋代
直径22.5厘米

△ 磁州窑黑釉碗 金代
直径17.8厘米

△ 青花缠枝纹碗　明洪武

高10.5厘米，直径20.5厘米

△ 龙泉窑青釉刻花纹菱口碗　明早期

直径34厘米

△ 龙泉刻折枝花果墩式碗　明永乐

直径21.7厘米

△ 霁红釉直口墩子碗　清康熙

口径13.2厘米

（1）碗

作为人们日常必需的饮食器皿碗，源于新石器时代的陶制碗。后来瓷碗基本上取代了陶碗成为最常见的饮食器具，器型基本上与当今的碗相差无几，口大深腹，高度一般为口沿直径的二分之一，平底或圆底，实足或圈足，多为圆形，极少方形。不断变化的只是质料、工艺水平和装饰手段。

据考古发现和史料记载，最早的瓷碗是原始的青瓷制品，基本器型为大口深腹平底，使用于商周至春秋战国时期。以后随着时代的演进，制瓷工艺的逐步改善以及人们的审美和实用要求的提高，碗的器型、纹饰、质量也越来越精巧，使用分工也越来越具体多样，如饭碗、汤碗、菜碗、茶碗等。不同时期的瓷碗，其器型、釉色和纹饰有着明显差别的。唐以前的碗，其型多为直口、平底、施釉不到底，基本无纹饰。唐代的碗型较多，有直口、撇口、葵口等，口沿突有唇边，多为平底、玉璧底及环条形底，施釉接近底部，有简单的划花装饰出现。唐早期的碗型一般为深腹，唇比较薄，盲口，饼形底假圈足。另有折腹碗，口和上腹几乎垂直，下腹向内折收，口大腹浅，平底，除了作为食具而外，还常置于壶、罐口上代为盖用。唐中晚期已流行撇口碗，口腹向外斜出，制作工整，一般用璧形底。同时还有翻口碗，口沿外翻，碗壁近于斜直，矮圈足；唇口碗则口缘外有凸唇，壁斜直，壁形底；此外还有敛口浅腹平底碗等。晚唐

△ 五彩龙凤纹小碗 清康熙
直径10.3厘米

△ 龙泉窑划花花口大碗 明代
直径34厘米

△ 龙泉窑青釉刻花缠枝莲纹碗 明早期
直径26.2厘米

△ 黄釉碗 明代
直径17.4厘米

▷ 青花西厢记题词碗 清康熙
直径20.3厘米

时更出门现葵瓣口碗、荷叶形碗、海棠口碗、金扣边秘色瓷碗等。五代时，以玉环型浅圈足为主，此时，越窑的圈足最优美。宋代的碗型多为斗笠式、草帽式、大口沿、小圈足，圈足直径大小差不多是口沿的三分之一。釉色多为单色，如影青、黑、酱、白等，纹饰用刻、划、印等手法，将婴戏、动物、植物形象绘在碗的内外壁或内底心上。南宋时，足壁通常较高较窄。元代，碗型与宋代相比，突出表现为高大厚重，圈足多为内斜多撇，断面呈八字形，多采用印花、刻花装饰。明清的碗足以较高较薄的直墙圈足为多见。精品的碗足，足里墙呈内弓形的弧壁，部分足脊为滚圆的"泥鳅背"式，此现象在明嘉靖万历年间已出现，至清代更为普遍。明代碗型多鸡心式、墩子式及口沿外向平折式，大多采用画花装饰。画花装饰用于碗上的技法，自唐长沙窑起始，至宋磁州窑过渡，经元青花激发，到明代才真正兴盛起来。明代最多的就是胎体轻薄、白底青花的饮食用碗。清代碗无论在哪一方面均胜过前朝，器型、釉色、纹饰更为丰富多样，工艺制作更为精巧细腻，素三彩、五彩、粉彩装饰的宫廷皇家用碗更让人叹为观止。

△ 青釉盘　唐代
直径14厘米

△ 定窑刻莲花盘　宋代
直径6.5厘米

△ 龙泉窑模印双鱼盘　元代
直径21.7厘米

△ 青花栀子花盘 明成化

直径29.5厘米

△ 龙泉窑青釉刻花折沿盘 明洪武

直径18.7厘米

△ 龙泉窑模印龙纹盘 元代

直径34厘米

△ 龙泉窑青釉刻花盘 元代

直径27厘米

（2）钵

因形状似僧人食器而得名的一种盛储器，有陶、瓷制品。基本造型为敛口、鼓腹、平底。陶钵始见于新石器时代。商周时期陶、印纹硬陶、原始青瓷制品中都不乏钵形器皿。东汉至南朝瓷钵更为丰富，许多是在纪年墓葬中发现的。陕西西安唐段伯阳墓出土的白瓷贴花高式钵精美华丽，风格受金银器影响。湖南长沙桃花仓一号墓出土的唐定窑白瓷钵，敛口、鼓腹、圈足、胎薄体轻，釉白细腻，为稀有珍品。宋元以后钵的形状多为敛口，圆腹，腹下内收，底足或平或圆。

（3）盘

盘是极为常见的日用器具，其基本器型为翻唇、敞口、浅腹、平底、高足或圈足。按其功能可分为果盘、汤盘、托盘等；按其形状可以分为折沿、菱口、收口、撇口、葵口、花口、高足等各式。盘的大小有很大区别。以圆形为主也有方的或椭圆的。

△ 青花双凤菊花棱口盘 元代

直径31厘米

△ 青花花卉纹菱口盘 明永乐

直径38厘米

△ 五彩龙凤纹盘 清康熙

直径32.2厘米

最早的瓷盘为原始青釉，始见于商周时期。汉、三国、西晋、东晋、南北朝均有原始青瓷及青瓷盘生产，此时的瓷盘因胎釉结合不紧，故釉多有脱落。春秋战国时期原始青瓷盘的式样很多。东汉以后，瓷盘直径较大，器型与原始青瓷盘十分相似，通常用作耳杯的托盘。西晋以后，瓷盘成为食具中的主要品种之一，依据不同用途需要，历代烧造式样不断增加，造型更为丰富，出现撇口、敛口、弧腹、折腹、圈足深浅等不同形状。

隋朝时期的盘多为高足、足上窄下阔、呈喇叭状、盘口斜直、施直青釉、开碎细纹片、玻璃质较强，亦有平底和圈足的，有明显的垫支烧痕，一般无纹饰，较高档的盘常以朵花卷叶纹组成的圆形图案装饰盘中心。

唐、五代时期的盘，北方窑口产品多施白色釉，如邢窑、定窑或巩县窑的制品；南方窑口产品多施青色釉，如越窑、铜川窑或长沙窑的制品。这一时期的盘腹较浅，盘口有直而微内敛的或直而外撇的，平底或浅宽圈足。唐中晚有撇口璧形底式、直口弧腹矮圈足式、倭角方盘、葵瓣口式、海棠口式。定窑制品有折腰盘、葵口盘，越窑制品有葵花瓣形和莲花瓣形，纹饰以印花或刻花为主。这一时期圆器多为逐层叠烧，故盘的内外底均留有支烧痕。

宋代盘与前朝相比，器型较为简单实用，折沿口盘多见。装饰图案多在盘心，北宋时盘的装饰以刻花、划花为主，以定窑器、耀州窑器为代表。南宋时以印花和画花为主，南方景德镇窑的印花和北方磁州窑的釉下黑褐画花最具代表性，而龙泉窑、官窑、汝窑、均窑烧制的盘则以釉色如冰似玉取胜。

元代盘体型宽大厚重，腹部平浅，多菱口型和花瓣型，底足常在过釉后于中间刮去一周以防止垫烧粘连，因此足底无釉处火石红浓重。装饰方法有印花、划花、贴花等，釉下青花画花装饰最为精彩。

明代瓷盘早期颇有元代遗风，特别是洪武、宣德时大盘胎体厚重，常见菱口折沿形或微侈口浅壁弧形，圈足内外斜削后平切，其断面往往成倒梯形，纹饰以釉下绘画青花缠枝莲、缠枝牡丹为多见。中期瓷盘器型趋向薄小，风格也较为秀丽轻巧，纹饰以釉下绘画青花为主，常见龙凤、花鸟、动物、人物故事。晚期瓷盘多出口，器型较大，菱口折沿，釉下青花绘画多开光，内容丰富，多见人物故事、山水花鸟等。明中期以后开始出现以斗彩和五彩及红釉、黄釉、蓝釉等技法装饰的瓷盘。

清代瓷盘常见有两种：一种是侈口，腹壁微弧，圈足较深，足尖圆滑，此种盘清早期腹较深，形体厚大。另一种是折腰撇沿，折腰线下部弧圆，上部斜直，圈足较浅，胎体相对薄小。清代装饰方法最为丰富多样。有斗彩、粉彩、五彩、素三彩、青花及单色釉等。内容多为龙凤、山水人物、花鸟鱼虫和有特殊寓意的吉祥图案。

△ **黄釉盘 明弘治**
直径18.2厘米

△ **绿地龙纹盘 清康熙**
直径31.2厘米

△ **青花缠枝莲纹大盘 清康熙**
直径38厘米

△ **青花缠枝莲盘 清康熙**
直径20.8厘米

△ 粉彩碟子 清雍正
直径17厘米

（4）碟

碟在器型和纹饰各方面都与盘有着密切联系，在某种意义上说是盘的微缩。碟一般有花口、无沿、三角、方形、折腰等多种形式，碟明显小于盘。

方碟，辽瓷独特器型之一，源于契丹人木制餐具。器呈花四方斗式，器壁斜直外侈，平底粗涩。有三彩和白釉刻、印花，为辽代贵族宴饮用具。

（5）杯

从古至今，杯一般都是用来饮水、饮酒或饮茶的日常用具。其基本器型大多是直口或敞口，口沿直径与杯高近乎相等，有平底、圈足或高足。最早的杯始见于新石器时代的陶制杯。战国至汉代出现了原始青瓷杯，其中汉代的椭圆形、浅腹、长沿旁有扁耳的杯最具代表性。隋代杯多是直口、饼底的青釉小杯。唐代还流行盘与数只小杯组合成套的饮具。宋元时期的杯多直口、浅腹、圈式或高足，高式底为喇叭状。宋杯多以釉色取胜，如龙泉窑及官、哥、汝、均各窑的制品，其中磁州窑釉下黑彩装饰颇为鲜明。元杯胎骨厚重，杯内心常印有小花草为饰，明清时期制杯最为精致，胎质轻薄，釉色温润，色彩艳丽，造型多样。明代有著名的永乐压手杯、成化斗彩高足杯、鸡缸杯等，高足杯多见于明代中早期。清代杯多直口、深腹、腹部有把或无把，还有带盖或无盖的分别，装饰手法丰富多样，有青花、五彩、粉彩及各种单色釉。

△ 青花缠枝莲托梵文高足杯 清乾隆
直径14.5厘米

第二章 瓷器鉴赏

△ 定窑菊瓣小杯 宋代

高4.2厘米，直径8.4厘米

△ 松石绿地粉彩描金缠枝莲纹福寿盖杯 清乾隆

直径9.7厘米

△ 白地轧道矾红云龙纹盖杯 清乾隆

直径9.6厘米

▷ 粉彩梅雀纹杯 清嘉庆

高6.5厘米，口径10.4厘米

（6）盏

瓷盏，盛装茶、酒的小碗或杯，饮茶用具。汉扬雄《方言》云："盏，杯也。……自关而东赵魏之间曰械，或曰盏。"基本器型为敞口圈足，斜直壁，深腹，比一般饭碗小，比酒杯大。据考古或文献资料证明，东晋时的瓷盏，所见实物器型为直口直腹壁，饼状平底足，施青釉，开细碎纹片。南北朝时饮茶之风逐渐流行起来。唐代及五代时期的茶盏以南方越窑和北方邢窑最富盛名。唐时茶盏又称"瓯"，陆羽《茶经》中说："瓯越州上，口唇不卷，底卷而浅，受半升而已"，由此可见越窑盏的大致形态。越窑盏多配有盏托，其托常常设计成荷叶卷边状，上托莲瓣状茶盏，颇为精巧动人。越窑盏胎质细腻，釉层均匀，釉色青绿，被陆羽称为上品是理所当然的。邢窑盏以"白如雪"而闻名，且"天下无贵贱而通用之"，由此可见其受欢迎的程度。唐时南北茶盏均以敞口、斜直腹壁、玉璧底足为常见器型。

宋代斗茶之风盛行，因便于观察茶沫白色的缘故，特别崇尚建窑和永和窑的黑釉盏，此外还有白、酱、青和青白釉茶盏，兔毫盏、玳瑁盏为"斗茶"之上品。连宋徽宗赵佶皇帝也不例外，他曾在《大观茶论》中直言："盏色贵青黑，玉毫条达者为上。"有玉毫条的盏即是人们常说的兔毫

△ 建窑油滴盏　宋代
直径11.5厘米

△ 建窑油滴盏　宋代
高7.1厘米，直径16.4厘米

△ 建窑兔毫盏　宋代
高6.5厘米，直径12.9厘米

盏，产自福建建阳窑。宋时盏型大致有两种：一种小浅圈式，斜弧腹，口沿直；另一种撇口如喇，小浅圈足，腹壁斜直。有的以描金装饰，书"寿山福海"字样。除建窑外，宋代的官窑、哥窑、定窑、均窑、龙泉窑、吉州窑都普遍烧制茶盏。

元代黑釉茶盏相对减少，多见青白釉制品。元代茶盏多直口，胎体较为厚重。明代以宣德白釉盏制作最为精美。成化、嘉靖青花盏次之。明代盏中早期多小折沿、深腹、高深圈足。中晚期多小撇口、深腹、上阔下窄、圈足较浅，装饰上多绘釉上青花图案，亦有斗彩、五彩和单色釉装饰。清代茶盏的器型、装饰手法、制作工艺均胜过前朝，其粉彩和珐琅彩绘画装饰的小盏更是精美绝伦。基本器型为敞口，弧形腹壁，圈足前期高、大、深，后期相对低、小、浅，皆修制规整。

较之于杯的发展历史而言，杯的产生在先，盏在后，杯多用以饮酒，盏多用以饮茶，杯的器型较小，盏的器型较大，杯多高脚，盏多圈足，杯的纹饰简约，盏的纹饰繁杂。透过杯盏演变，可以窥见中华民族茶酒文化的博大精深。

◁ **黑釉花斑盏 元代**
直径12.7厘米

▷ **建窑兔毫盏 元代**
直径11厘米

◁ **白釉净瓶 北朝**

高22厘米

▷ **磁州窑系白地剔花纹盘口瓶 宋代**

高25.5厘米。

此件磁州窑系瓶,盘口,直颈,折肩,肩部短流微撇,腹部圆鼓,至足下收,矮直圈足。颈部饰以数道凸棱弦纹,瓶体平衡,韵律感极强。修胎规整,制器严谨,造型端庄敦厚,又不失灵动优美。

◁ **龙泉窑龙耳衔环瓶 元代**

高28厘米

▷ **磁州窑黑釉剔花瓶 金代**

高29.5厘米

（7）瓶

瓷瓶大多是用于汲水和盛储液体的容器，后代也有作插花用的。早期的瓶多为尖底圆腹细颈，肩上有供穿绳用的耳或系，显然是用于垂直方向汲水的工具。后来瓶逐渐演变为高身深腹平底，除做实用工具外也具有了装饰功能。历朝历代瓶的色彩与造型丰富多样，唐代越窑青釉瓶和刑窑白釉瓶工艺精细、釉色纯正，隋唐时的双龙饮或双腹并联的传瓶颇具代表性；五代时江浙一带曾流行做冥器用的多角瓶，取其谐音"多谷"，寓意吉祥；两宋时南北各地瓷窑大量烧制青、白、黑、青白、白地黑花、白地褐花、三彩和黑地铁锈花等装饰，主要造型有玉壶春瓶、梅

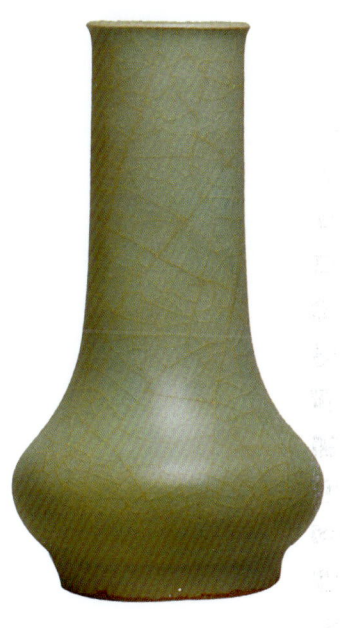

△ 龙泉窑仿官窑直颈瓶　宋代
高17.8厘米

◁ 龙泉玉琮瓶（一对）　宋代
高26.5厘米

瓶、净瓶、卷口瓶、盘口瓶、直径瓶、穿带瓶、弦纹瓶、瓜棱瓶、橄榄瓶、胆式瓶、葫芦瓶、双鱼瓶、多管瓶、蟠龙瓶、贯耳瓶等，其中的玉壶春瓶和梅瓶本来是酒具，因其造型潇洒隽秀，自元时起逐步演变成纯装饰瓷器。明代又出现了天球瓶、葫芦扁瓶、宝月瓶、象耳折方瓶、鹅颈瓶、蒜头瓶等。清代是瓶类发展的顶峰，此时的瓶其实用价值已渐渐退化，而装饰功能占了主导地位，如棒槌瓶、双陆瓶、象腿瓶、凤尾瓶、观音瓶、灯笼瓶、柳叶瓶等。产品大多施釉，装饰多为各色彩釉和绘画，特别是乾隆年间烧制的转心瓶更是被誉为国宝。

△ **龙泉窑青釉梅瓶 元代**
高37厘米

△ **青花富贵吉祥纹玉壶春瓶 元代**
高26.5厘米

▷ **龙泉官窑梅瓶 明永乐**
高39厘米

◁ 磁州窑刻花卉梅瓶 明代
高26.2厘米

▷ 五彩仕女图棒槌瓶 清康熙
高47厘米

△ 青花人物故事图凤尾瓶 清康熙
高45.4厘米

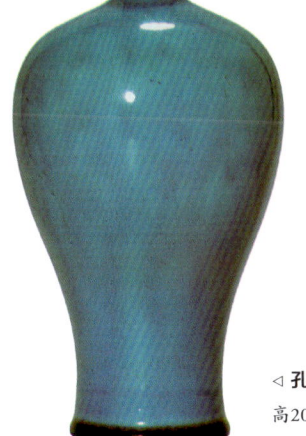

◁ 孔雀绿釉梅瓶 清早期
高20厘米

（8）壶

壶是用以盛放液体的容器的统称，历史上被称为壶的器物在不同时期有不同造型和功能。两晋时出现的鸡首、羊首壶，首开一侧隋流，一侧安执手的型制，为壶这种器物最终定型并一直沿用至今。当然各朝各代都曾出现过具有时代特征的壶，如隋代的注子注壶，唐代的凤首壶，宋代各式执壶，辽金的鸡冠壶，元明的多穆壶、僧帽壶，清代的贡巴壶等，壶的妆饰也由简入繁。特别是明清以来的官窑瓷壶妆饰精美绝伦，其功用也已向观赏器转变了。

（9）罐

罐作为一种陶瓷制容器，与瓶、壶有着较大的不同，主要是用于盛放茶叶、糖、盐、各类农副产品的制成品等，而且这种功能从古到今并无多大的改变。陶罐在新石器时代早期至汉代极为流行，器型为敛口、直口或敞口，短颈、圆肩或折肩，腹较深，多为平底，有的在口沿至肩部装耳。汉代始有瓷罐，除延续陶罐的实用器型，还出现随葬用的五联罐。东汉至隋唐罐腹多装置系。东吴时的瓷罐为小口直唇，底偏小，最大径近肩部，耳面有叶脉拍印纹，肩部有网格纹。西晋时口变大，身变开，最大径在上腹部，耳面有的有纹，有

◁ 磁州窑黑釉弦纹双耳罐　宋代

高15厘米，直径11.1厘米

△ 三彩双耳陶罐　唐代

高8.8厘米

的无纹，肩腹部饰网格纹、联珠纹。东晋时发展为卵长圆形身，平底，身上出现莲花纹刻饰，出现了带盖罐。南朝时口径变大，身变开，底小，莲花纹装饰由刻画发展到刻塑，莲瓣起翘。到了北朝则一般为直口，卵圆腹。有刻塑的莲瓣纹，有方块桥形纽或双覆系纽；有的腹下段有手捏绚纹一周，一般为平底或假圈足。河南濮阳北齐墓出土一罐，肩部六耳，桥形耳两个，双覆系耳四个，每个双覆系耳小套一小环，肩部刻画有六角花卉纹，肩腹交界处有凸弦线，腹部有刻画三角平行线纹。至隋代南方流行的为罐身修长，直口无颈，上腹鼓出，下腹弧收而近足部外撇，六系或八系，系用桥块式及泥条式，亡腹部有莲瓣装饰，平底。北方流行的为卵圆形罐身，直口短颈，两个或四个双复系耳，肩腹部带凸弦，平底假圈足。唐代早期器型发展为圆唇直口，圆鼓腹，平底。四系罐圆唇直口，泥条形双覆系耳，身形为卵圆，下腹斜收，假圈足，近足部壁外撇。唐代中晚期圆唇卷口，最大径在肩腹部，下腹斜收，平底，底缘有凸棱一周。四系罐圆唇直口短颈，最大径在肩部，带四泥条形系耳，敞腹斜收，平底。宋代以后罐的造型越发丰富，如景德镇窑瓜棱罐、定窑直口罐、耀州窑盖罐、吉州窑奔鹿纹盖罐、磁州窑白地黑花双系罐。明、清时景德镇制品有带系罐、壮罐、轴头罐、天字罐等多种样式，多装饰着彩绘和各种单色釉。

△ 黑釉剔花鸟纹大罐 西夏
高38.6厘米

△ 龙泉窑荷花盖罐 元代
高25.5厘米

△ 青花瑞果纹盖罐 明万历

高16厘米

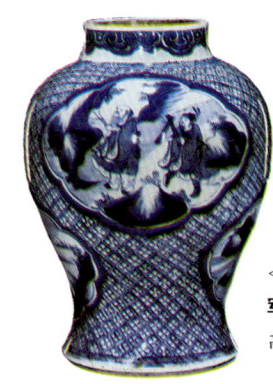

◁ 青花开光八仙人物将军罐 清康熙

高34.5厘米

△ 龙泉窑青釉刻缠枝莲花纹罐 明代

高32.3厘米

◁ 五彩加蓝凤鹤纹小罐 明嘉靖

宽10.5厘米

◁ 五彩四妃十六子图将军盖罐 清康熙

高40.5厘米

◁ 绿釉罐 清康熙

高23厘米

（10）尊

尊，在先秦时用作酒器，有的也用于祭祀。通常的器型多是敞口、折沿、圆腹，在长江流域、黄河流域，新石器时代各大文化遗址中均有出土，多为陶制，外表上加有各种印纹以做装饰。一般体型均较巨大，估计应为固定安放的器物。商代中期以后尊的造型稍有变化，侈口、粗颈、折肩、敛腹，底足也相对抬高，出现原始青瓷制品。南北朝时器型变得修长端庄，外加纹饰也复杂化，河北景县北朝封氏墓出土了4件仰覆莲装饰的莲花尊，造型硕大（最大一件通高63.6厘米）。到了北宋中后期，尊的功用逐渐发生变化，装饰的功能已超过实用，而自元以后基本上已

△ 龙泉窑出戟尊 元代

高24厘米

△ 青花鱼藻纹出戟尊 明嘉靖

高21.6厘米

△ 龙泉青釉缠枝莲纹凤尾尊 元代

高39厘米

无任何实用功能了。清代景德镇烧制了许多尊的变体,如观音尊、石榴尊、鱼篓尊、无挡尊等,均是装饰陈列用瓷,或为皇宫之内的观赏器。一般民间区分尊和瓶是视其口与足的比例来判定的:口大足小称为尊,口小足大称为瓶。当然,这只是民间的说法,其实并不尽然,如清代康熙年豇豆红釉莱菔尊、太白尊就与一般的瓶无二致,只不过器型较为特殊一点罢了。

△ 红釉摇铃尊 清康熙
高13厘米

△ 豇豆红釉锥花团龙纹太白尊 清康熙
底径13厘米

△ 仿哥釉贯耳尊 明代
高29.5厘米

▷ 青花麒麟图凤尾尊 清康熙

高45.8厘米

△ 豇豆红釉莱菔尊 清康熙

高14.6厘米

▷ 窑变釉石榴尊 清乾隆

高36厘米

（11）炉

炉的出现始于汉代，最早的炉子是用于焚香，因此称之为香薰或许更加合适。这和汉代中后期文人性喜清雅、醉心于琴棋书画有相当大的关系。据史记载，三国两晋时士族"无不熏衣剃面，傅粉施朱"，成了一种时尚的习俗。博山炉是这一时期的代表，其外形似直立的佛手，中空以装香料。

两晋南北朝时，炉这种器型流行起来。此时已见到有各类专用礼器，如鼎式炉、三足炉等。宋代炉的式样更为繁多，器物制作也更为精巧。宋定窑制白釉通花豆型香薰，顶部呈球形，上下开合，合盖满布编织纹状镂孔以便香气溢出。南方影青系列中有一种类似的香薰，其球形顶盖雕塑成缠枝花状，花瓣之间、茎叶之间为镂孔，构思奇妙，做工精致。南宋时皇室使用鬲式炉作礼器，器型小巧，清丽潇洒。明清时期炉体趋向大形化，有多种钵式炉，筒式炉，敞口炉，多为青花器，纹饰优雅。也有一些小型的筒炉，应为民间祭祀门口、土地或供奉观音、祖先灵位所用。

△ 龙泉窑弦纹三足炉 明代
直径15厘米

△ 青花五彩弦纹三足炉 明万历
直径17.7厘米

◁ 石湾窑双狮耳香炉 清早期
直径19.5厘米

▽ 绿釉五足熏炉 唐代

高13.8厘米

△ 青釉博山炉 唐早期

高17厘米

◁ 仿宋青釉鬲式大炉 清雍正

高26.1厘米，宽33.5厘米

△ 龙泉黑胎天青釉洗 宋代
直径14.5厘米

△ 青花五彩龙纹花口折沿洗 明万历
宽36.3厘米

△ 青釉折沿单柄洗 元代
宽19厘米

（12）洗

一类为日常盥洗用具，作用类似于盆。从汉至清历代均有烧制，其中宋、元时为磁州窑系，明、清时景德镇窑产量最大。其式样多为广口、折沿、圆腹、平底；一类为文房用具，用于洗笔，因此亦称"笔洗"。宋代最为流行，汝窑、官窑、钧窑、哥窑、龙泉窑、耀州窑等许多窑场都有烧造。明、清时造型更为丰富，仅雍正时期就有桃、灵芝、葫芦、海棠、荷叶、梅花形等数十种之多。

花口洗，又称"菱花洗""葵式洗""海棠洗"，笔洗的一种式样。形状通常为5～10个花瓣形，洗壁向内斜。沿着高低起伏的花瓣形口，腹壁亦作出凹凸的棱线，传世品中宋代汝、钧、哥、官等窑均有花口式洗。明永乐时期的青花花口洗，内底绘云龙纹，外壁每一个花瓣上绘有团龙纹。

鼓式洗，亦称"鼓钉洗"，宋代的一种笔洗，以钧窑制品最负盛名。器型为导口、圆腹、平底、圈足下有朵云形三足、洗口及下腹有一周鼓钉纹。底部通常刻有数目字，刻"一"表示此类器物中最高或最大，刻"十"表示为最低或口径最小。明宣德、清雍正、乾隆等时期都有仿造。

叶形洗，宋代的一种笔洗，因形状似秋叶而得名。以官窑制品最精，洗口外撇，呈曲线形，浅腹下收，椭圆形圈足。后世亦有烧制，清代为直壁，口作椭圆形。

桃形洗，元初至明初龙泉窑所烧的一种笔洗，形似一个半剖的桃子，靠近蒂处还有两片桃叶分贴在口沿两边，式样新颖，造型生动。清雍正朝除桃式洗外，还有双桃洗。

◁ 仿官釉葵花式洗　清乾隆
直径12.3厘米

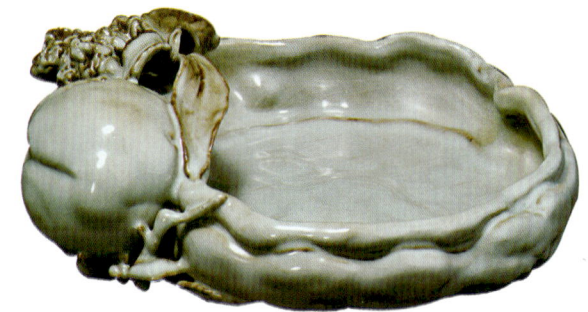

▷ 仿官釉桃形洗　清雍正
长20.7厘米，宽19厘米，高7厘米

◁ 仿官釉桃形洗　清乾隆
宽14.3厘米

（13）盒

用途颇广的一种瓷制容器。按使用功能可分为盛装化妆品的油盒、粉盒、胭脂盒，存放铜镜的镜盒，装药的药盒，装茶叶的茶盒，装食品的果盒和文房用品的笔盒、印泥盒等。

油盒，盛装化妆品的瓷盒，一般为扁圆柱形，盖与盒身以子母口扣合。因江苏扬州唐城遗址出土的唐长沙窑制品盖面有褐彩书"油合"铭文而知其用途。

化妆盒，盛装化妆品的瓷盒，一般形体小巧，造型从宋代起尤为丰富，有扁圆盒中套装三个小盒的子母盒，有三盒联体并堆花装饰的，还有瓜棱形、八方形、菊瓣形、石榴形、桃形、朵花形等多种样式。

镜盒，存放铜镜的瓷盒，盛行于南北朝，宋代亦有生产。造型扁圆，平底内凹，附盖。宋代磁州窑镜盒有的盖面有钮，还有盖面书"镜盒"铭文的。宋代景德镇窑有烧造盒子的专业作坊，青白釉盒底部多有"某家合子记"的戳记。

槅，一种分格盛放细点果品的用具，有方形、圆形两式，带盖或者无盖，又称为果盒、分格盘、格子盘、多子盒等。东吴西晋时流行长方形，东吴时多平底，西晋时做成壶门式足。江西南昌西晋墓出土的一件，自名为"吴氏槅"。西晋时开始出现圆形槅，有的带盖。东晋、南朝时基本只见圆形槅。东晋的上带盖，器身见子门，下有的为圈足。南朝的上无子口，不带盖，为大干底。明清时代盛行瓷制果盒大概就由槅演变而来，只是造型更加繁复，有圆形、方形、倭角方形等，有的盒内分格，还有层层相叠的套盒。

◁ **影青粉盒 宋代**
高4厘米，直径10.5厘米

▷ **青花镂空花卉纹捧盒 明万历**
直径23.5厘米

（14）盆

一种盛储器。东吴时形体较大，折沿凹弧唇，内凹底，上腹有斜方格文，铺首。西晋时为折沿平唇，内凹底，腹部渐失铺首，而增饰以联珠纹。

花盆，栽种花草的盆具。宋代最名贵的品种是钧窑专为宫廷需要而烧制的玫瑰紫釉器。盆式有葵瓣、海棠、长方、八方等式。葵瓣式通体似六瓣花形，折口、深腹、圈足，器身贯以凹凸的线纹，通常与花盆托一起使用。明代宣德时期花盆造型亦很丰富，有葵花式、海棠式、折沿式、长方、上八八方、椭圆等式，以适应不同用途。清代特别是清代后期，器型更加变化多姿。

水仙盆，种植水仙花的盆具，是宋代宫廷流行的品种。妆窑制品最佳，形式为椭圆状，口外撇，斜腹，腹底有凸起的线技为饰，平底，有四足或无足，明、清造型比较丰富。仅宣德时期就有长方倭角形、椭圆形等数种。

◁ 龙泉窑小花盆 元代
高8.5厘米

▷ 仿汝釉弦纹如意足花盆 清雍正
直径32.3厘米

◁ 粉青釉灵芝形花盆 清雍正
宽27.5厘米

2 | 陈设器

陈设器有一部分兼有服御器性质，如花瓶、花插、插屏等，前已提及。有许多古代瓷制实用器、明器，到后来（如宋、明、清至今），也转化为陈设器。专门的陈设、玩具有瓷制书画册页、鸟食缸（罐、盂）、蟋蟀罐、托座、屏风、瓷型乍、犬、猫、虎、鸽、雀、鹅、狮子、狻猊、寿星、三星、罗汉、金刚、菩萨、佛、三宝、达摩、观音及童子、婴戏、塔（小型）以及各种水果、蔬菜、花卉、海产水生等像生瓷塑，还有棋子（围棋、象棋）、围棋盘。

鸟食罐，一种盛放鸟食的小罐。江苏镇江东汉永元十三年（101）曾出土有黑釉器。传世品中偶有唐宋时期的遗物。从器型方面看，明宣德时期景德镇烧制的种类最丰富，有钵式、瓜式、横向竹节式、筒式、罐式、水盂式等。各式鸟食罐的一侧均有固定用

△ 青花凤穿花卉纹花觚 清康熙
高46厘米

◁ 青花釉里红松鼠葡萄花觚 清康熙
高102厘米

△ 仿定式白釉模印饕餮纹出戟尊 清乾隆
高12.4厘米

的环状系。此后各代所烧制的鸟食罐大都仿宣德时期的器型。

扁棱尊，又称"出戟尊""出戟觚"，起初是北宋钧窑为宫廷所烧制的仿青铜器陈设品，后流行于明代。造型为敞口，颈部内收，折肩，鼓腹，下接喇叭形圈足，颈、腹、足四面有扁棱。元代景德镇烧制的青花尊，仅腹部四面饰有扁棱。明正德以后有些尊的颈、腹、足四面饰对称的扁棱，万历时期则有六面饰扁棱的。

花觚，一种仿青铜觚的瓷制花瓶，元、明、清时期广为流行，陈设品。器型仍为敞口细身，圈足。明代花觚器身直下，清康熙以后腰部凸出。另有一种器型，器身较粗壮，长颈，高圈足，鼓出的小圆腹四周凸起

△ 青花花鸟纹花觚　清康熙
高45.5厘米

△ 龙泉窑花觚　明代
高35厘米

△ 青花缠枝莲赏瓶　清乾隆
高38厘米

△ 青花缠枝莲赏瓶　清乾隆

高37厘米

△ 粉彩花卉赏瓶　清道光

高37.7厘米

▷ 兰描金浮雕狮子纹赏瓶（一对）　清光绪

高38.6厘米

四道棱戟。有青花、斗彩、单色釉等品种，有的在器腹部装饰堆贴或印花纹饰，乾隆、嘉庆年间所制还有一种细身的觚，腰际堆塑一条蟠螭，施素三彩釉。

方口觚，流行于明万历、天启时期的一种觚式，因口、腹、足均作方形而得名，陈设品。如收藏于北京故宫博物院的天启青花花卉纹觚，方口外敞，方颈较长，方腹饰有扉棱，方足外撇。

蟋蟀罐，专门畜养、斗弄蟋蟀的一种罐式。有陶、瓷制品。烧制地区比较广泛。瓷制品以景德镇为主，明宣德时期烧制的器型为鼓式，盖下凹，有钱形气孔，盖内竖写六字单行青花款，器底有六字双圈年款。万历时期，造型变化较多，有圆、方、梅花、瓜棱、扇面、八方等形式。清代仍有烧制。

琵琶尊，流行于清代的一种尊式，陈设品。器型似弦乐器琵琶，洗口，束颈，弧腹，腹下部

◁ **青花缠枝花卉赏瓶** 清道光
高37.5厘米

较大，圈足为宽窄不同的两层台式。有的琵琶尊颈部饰对称的兽面双耳。

茄式壶，清康熙时期景德镇窑烧制的一种壶式，陈设品。小口，颈部细长向一侧弯曲，腹呈长圆球状，似长茄形，圆底施釉，故放置不稳。

赏瓶，清代雍正时期新创的一种瓶式，一直延续至清末宣统时期，成为官窑的传统器型。瓶呈撇口，长颈，圆腹，圈足，多以青花缠枝莲为饰，取其"清廉"谐音，专用于皇帝赏赐臣下，意在令其"为政清廉"。同治以后又增添粉彩与单色釉描金等品种，并改称"玉堂春瓶"。

交泰瓶，清代流行的一种瓶式。器腹中段镂雕成如意头形，套钩回纹或倒、正T形。瓶体上下于纹饰间相互钩套、连为一体，可以活动却不能分开，寓意"天地交泰"，为清代乾隆早期御窑厂督陶官唐英和

△ **青花缠枝莲纹赏瓶** 清同治
高39.2厘米

催总老格刻意制作专供乾隆皇帝玩赏的佳器。

转心瓶，流行于清朝乾隆时期的一种瓶式，清代乾隆景德镇窑创烧，多为官窑所制。器型有大、小之分。瓶体由内瓶、外瓶、底座分别烧制组成。内瓶上部是外露的瓶口，瓶身似筒状，上有装饰绘画，瓶底有内凹的轴碗。一般外瓶镂空，形状似灯笼，内、外瓶套合后放在瓶座上，座上的立轴嵌入轴碗，手持瓶口转动，内瓶可随之旋转。瓶体上的图案如走马灯般可通过外瓶镂空处看到。后有仿品出现。

3 | 礼器

礼器是反映社会意识形态的瓷器。在礼制活动中，有不少实用器实际担当了礼器。如宫廷所用，则造型更为庄严肃穆，釉色纹样更加滞重不苟。配合礼制的不同，对器型、釉色等有着不同的要求。

△ 青花八仙故事纹花觚 清康熙
高45.5厘米

△ 青花五彩八仙人物花觚 清康熙
高56厘米

4 | 明器

　　明器，又称为"冥器"，就是随葬用具。以物陪葬的习俗古已有之，夏商时代的墓穴就有陪葬的人、兽、日用器物及金银玉器出土。战国至汉代早期厚葬之风大盛，许多王公贵族死后往往将他们生前所用的大批奴仆、器物一同下葬。此时所用的冥器严格来讲没有专门的特指，一般都是主人生前所用器具之实物。到了汉代后期，厚葬之风较衰，这时已有用替代品陪葬的例子了，如汉代墓出土的各种陶狗、陶羊、陶壶等，这些才是真正意义上的明器。到了隋唐时更有专门的厂家生产各类明器，通过专门的店铺销售给有此需要者。这种店铺当时称之为"凶肆"。现今我们看见众多的各类唐三彩镇墓兽、三彩马、杯盘相连体的三彩套盘等就是这些"凶肆"出售的商品。宋、元时期，因为陶瓷产品普及程

△ **佛头像　明万历**
高57厘米

△ **绿釉罐　清康熙**
高22.3厘米

△ 五彩人物盖罐（一对） 清康熙
高43.5厘米

度大大提高，一般人家也能用得起瓷器了，因此在陪葬时除了添加一些特类的有祝福、求吉含义的冥器之外，一般也常将主人生前所用的数件器物一起下葬。前者如各种多角罐（吴越方言"多角"音类"多谷"，寓意吉祥），带盖塔瓶（内装谷子等寓意五谷丰登）；后者如各类盘碗及供器等。也有些器物带有明显的地方特性，如明末清初时，南方的丧葬常用将军罐来盛放主人的骨骸，故而这种器物在南方地区出土较多也就不足为奇了。

事实上，现今我们所能见到的大部分古文物都是通过陪葬这样一种方式而得以保存至今的，它们都可以称为"明器"。通过对它们的深入研究，我们就能了解到祖先的生活习俗及当时的文化、社会风俗习惯。因此，大可不必因为"明器"这一称呼而心存忌讳。

△ 青花龙纹大罐　明代
直径39厘米

△ 白釉暗刻凤纹罐　明代
高16.8厘米

三 瓷器的纹饰鉴赏

中国历代瓷器的装饰纹样十分丰富，本部分内容选择性收录部分纹样，以供读者阅读和参考，现分述如下。

1 | 植物纹

植物纹是表现各种植物形象的纹样统称，是传统纹样的一个类属。

（1）莲花纹

莲花纹，也称为"荷花纹"。南北朝至唐代，莲花纹常作为瓷器的主题纹饰。宋代莲花纹开始变为辅助纹饰，文人墨客开始追求莲花的高洁、典雅、美好的特有品质。

▷ 磁州窑当阳峪剔刻莲花纹玉壶春　北宋
高31.5厘米

△ 青花一把莲大盘　明永乐
直径34厘米

（2）宝相花纹

所谓的宝相花纹，通常是指将某些自然界花卉（主要是莲花）的花头进行艺术处理，使之图案化、程式化，变成一种装饰化的花朵纹样。它的灵感来自于金属珠宝镶嵌的工艺美及多种花的自然美。因其造型富贵华丽，盛行于隋唐时期，元明清时期的器物上也多以之为装饰题材。它是一种综合性的花型，是我国广大人民理想中的一种纹样，是富贵、美满和幸福的象征。

△ 黄地洋彩宝相花佛塔　清乾隆
高38厘米

◁ 粉彩花卉玉壶春　清道光
高21.2厘米

△ 龙泉窑刻画花缠枝牡丹纹双耳盘口瓶 明代

高25厘米

（3）牡丹纹

牡丹花，其种类繁多，以色彩绚丽、芳姿艳质、天然姣美被冠以"花中之王"，更享有"国色天香"的盛誉。其寓意内涵鲜明、直接，富贵吉祥是其主要寓意。由牡丹与寿石、桃花、古钱、长春花、白头鸟、花瓶、孔雀等组成的图案，又有长命富贵、十全富贵、富贵长春、富贵平安等意。最具典型意义的是牡丹与凤凰组成的凤戏牡丹图案，除了富贵之意，还被用于婚嫁和象征爱情，成为表现民间婚恋的重要题材。

（4）扁菊花纹

扁菊花纹，是一种典型的瓷器装饰纹样，特指明洪武朝瓷器上的菊花图案。菊花纹饰在宋、元瓷器装饰中已经出现，花形近似团形。洪武朝瓷器则将菊花形状处理成扁圆形，因此称作扁菊花纹。一般将菊花的花蕊画成椭圆形双线圈，内填网格纹。其外围以两层长圆形菊瓣，内层菊瓣为白色，外层菊瓣填色留出白边，花形清晰，时代特征鲜明突出。扁菊花纹常用青花或釉里红描绘在盘、碗等器的内外壁，典型器物有洪武青花缠枝菊纹碗、釉里红缠枝菊纹玉壶春瓶等。

（5）绣球花纹

绣球花纹，因其花朵形状与绣球相似而得名。绣球花纹常由大小不等的花头或龙凤等作为主体形象，呈圆形或椭圆形的结构，在器物的装饰带中疏密而均匀地排列开来，其适用范围极广，各类造型的器物都可适用。

△ 青花荷塘芦雁牡丹纹大缸 明万历

直径50厘米

(6)百花纹

百花纹,又称"满花纹""万花纹""万花堆",一种典型的瓷器装饰纹样,即以多种花卉为题材绘满器身组成的图案。百花纹始见于清乾隆景德镇窑粉彩瓷器,嘉庆朝继续流行。构图多以牡丹花为主,并绘菊花、茶花、月季花、荷花、百合花、牵牛花等花卉,五彩缤纷,白花怒放,蕴含百花呈瑞之意。由于百花繁密不易见纹饰地色,俗称"百花不露地",绘画极为工致秀丽,花之仰覆姿势、阴阳反侧,都各尽其妍。北京故宫博物院藏清乾隆百花纹直颈瓶,百花争艳,娇美妩媚。

(7)冰梅纹

冰梅纹,又称"冰裂梅花纹",创制于清康熙朝,以仿宋官窑冰裂片纹为图案地纹,然后于地纹上画朵梅或枝梅。景德镇窑有以青花作画的,也有以五彩作画的,以青花作画最见格调,多饰于瓶、罐、盘等器物上。康熙冰梅纹盖罐,通体以青花浓料画冰裂片纹,以青花淡料略加晕染,其间勾画白色梅花,蓝白相映,寒梅吐艳尤显芬芳,颇具文人画风韵,是典型的冰梅纹作品。晚清瓷器上多有摹绘。

△ **白地料彩牡丹纹瓶** 清雍正
直径21厘米

◁ **青釉刻牡丹花卉纹笔筒** 清康熙
直径17.8厘米

△ **青花缠枝莲纹荷花口双耳瓶** 明成化
高27.3厘米

△ 矾红彩藏草瓶 清雍正-乾隆
高21.8厘米

（8）蕉叶纹

蕉叶纹，瓷器的一种辅助纹样。因其以芭蕉叶组成带状纹饰而得名，特指以蕉叶图样作二方连续展开形成的装饰性图案，写实性的芭蕉纹不在此列。蕉叶纹最初流行于商末周初青铜器上，用作瓷器装饰则始于宋代。定窑、龙泉窑、景德镇窑多将其作为瓷器的辅助纹样，表现手法主要是画花。元、明、清时期更为盛行，青花、釉里红、彩瓷上广泛采用，多绘于瓶、罐、尊等器物颈部或近底部。景德镇出上明洪武青花松竹梅纹执壶，颈部饰蕉叶纹，近腹部饰一周大小相间的云肩纹，云肩纹内绘画蕉叶的筋脉，十分奇特，好似变形蕉叶纹。

▷ 青花人物故事梅瓶 明正统
高33厘米

（9）瓜果纹

瓜果纹，即指以各种植物果实为主题的纹饰。瓜果纹最早出现于唐代，唐宋两代陶瓷器上以葡萄纹和石榴纹多见。有缠枝葡萄、婴戏葡萄、婴戏石榴等图案，都含有多子多孙的寓意。葡萄果实成串成簇，硕果累累，寓意丰收，富贵长寿。至明清时更为多见。三果纹，是瓜果纹的一种，以石榴、柿子和桃三种含有吉祥意义的瑞果作为装饰题材。

◁ 龙泉寿桃纹梅瓶　明永乐
高39厘米

▷ 青花松鼠葡萄碗　清乾隆
直径22.5厘米

（10）岁寒三友纹

岁寒三友纹，大多数以象征常青不老的松、君子之道的竹和冰肌玉骨的梅组成岁寒三友纹，以此来表达清高坚贞节气的松竹梅纹。也见以梅、竹、石或柏、竹、梅组成的岁寒三友纹饰。元代景德镇窑瓷器上始见岁寒三友纹。岁寒三友题材主要来源于文人画，用松竹梅或梅兰竹菊等植物象征君子德行的风气，也影响到瓷器及其他工艺品的装饰。

（11）缠枝纹

缠枝纹，因其图案花枝缠转不断，故称缠枝纹。又名"万寿藤""转枝纹""连枝纹"，它是以藤蔓、卷草为基础经过提炼而构成的一种传统吉祥纹饰。缠枝纹所表现的"缠枝"，常以常青藤、扶芳藤、紫藤、金银花、爬山虎、凌霄、葡萄等藤蔓植物为原型。这些植物都属吉祥花草，多被世人所赞咏，缠枝纹就是这些藤蔓的形象再现，它委婉多姿，生动优美，富有动感，寓意生生不息，万代绵长，从而成为吉祥物。

◁ 釉里三彩凸雕松鹤延年盘口瓶　清康熙

高37.5厘米

▷ 松石绿地粉彩岁寒三友纹诗文杯托　清嘉庆

高15.2厘米

◁ 缠枝纹八棱葫芦瓶 明万历
高25.5厘米

△ 青花缠枝纹双流壶 元代
高16厘米

▽ 青花缠枝花卉螭龙耳云口瓶（一对） 清乾隆
高24.8厘米，直径16.7厘米

△ 龙泉官窑刻折枝花果墩式碗　明永乐
直径20.4厘米

△ 酱釉描金折枝花卉纹折腰碗　清乾隆
直径15厘米

（12）折枝纹

折枝纹，是我国一种典型的瓷器装饰纹样。其图样是从花卉或花果上截取一枝或一部分，把这种形状像折下的花枝或花果的纹样，称为"折枝花纹""折枝果纹"或"折枝花果纹"，这些统称为"折枝纹"。常见的折枝纹有折枝梅、折枝莲、折枝牡丹、折枝枇杷、折枝石榴、折枝荔枝等。折枝纹在明清两代十分盛行。

（13）忍冬纹

忍冬纹，是一种以忍冬植物为主题的瓷器装饰纹斗彩折枝花果样。忍冬俗称金银花、金银藤，是一种缠绕植物，为多年生常绿灌木。因其花长瓣垂须，黄白各半，所以名金银花。因忍历严寒而不凋萎，所以又有忍冬之称。南北朝时期较为盛行。

▷ 青花折枝花卉纹墩式碗　明永乐
直径18.2厘米

（14）卷草纹

卷草纹又称"卷枝纹""卷叶纹"，是一种典型的瓷器装饰纹样。它是由忍冬纹发展而来的，多取忍冬、荷花、兰花、牡丹等花草，经处理后以柔和的S形波状曲线排列，组成二方连续的草叶纹样，花草造型多曲卷圆润，通称为"卷草纹"。因在唐代十分盛行，所以又称"唐草纹"。

（15）过枝纹

所谓过枝纹，就是指器物内壁与外壁或器盖与器身的花木、枝干等纹饰相连，花叶相属，浑然一体，犹如花枝越过墙头，从外壁伸到墙内。据《饮流斋说瓷》记载："过枝，成化开其先"。过枝纹在清代比较流行，以雍正、乾隆、道光、光绪等朝为最为盛行。过枝花卉多在盘、碗、瓶、碟及盏等器上出现。

▽ 青白卷草纹梅瓶　南宋/元代
高24.7厘米

△ 青花缠枝莲盘　明永乐
直径27.7厘米

△ 粉彩过枝癞瓜纹盖碗（一对）　清乾隆
直径10.9厘米

（16）皮球花纹

皮球花纹，也是一种典型的瓷器装饰纹样，属景德镇瓷器传统纹样。

以多个大小不一、花色不同的团花为主体形象，呈圆形或椭圆形，似有规则或无规则而疏密均匀地分布在装饰画面上，宛如跳动的花皮球，因此称为皮球花纹。其基本单位是团花，作圆形适合纹样。纹样以外的空间通常大于纹样的比例，所以花纹大小可随意变化，适用于各种造型的器物。

△ 斗彩团花纹花口瓶　清中期

高35.5厘米

▷ 蓝釉描金团花纹赏瓶　清光绪

高38.7厘米

2 | 动物纹

　　动物纹是瓷器装饰中传统装饰一个纹样类别，主要是描摹各种动物的形象。一般情况下，动物纹广义上包括具象和抽象两大类，狭义上只是指写实性很强的具象纹样。

　　动物纹的出现是在新石器时代早期，如在河姆渡文化遗址中发现了刻画有猪纹、鱼纹、鸟纹的陶钵，纹样非常朴实、生动。后来，随着历史车轮的前进，动物纹被广泛应用于瓷器上，所绘画出来的动物纹样式显著增多，装饰性也在增强，装饰手法和表现意识也日渐趋于成熟。瓷器装饰中的典型纹样代表性的有鱼纹、鸟纹、蛙纹、兽面纹、龙纹、狗纹及鹿纹等。

　　（1）饕餮纹

　　饕餮纹，是一种传统的陶瓷装饰纹样，具有浓厚的传承性。饕餮是古代传说中的一种动物，《吕氏春秋·先识览》记载："周鼎著饕餮，有首无身，食人未咽，害及其身，以言报更也。"饕餮纹应视作兽面纹中的一种。饕餮纹始见于新石器时代晚期，长江下游地区良渚文化陶器上有刻画的饕餮纹。二里头文化早期（夏文化）灰陶器上有浅刻的饕餮纹。商代中期是饕餮纹亦即兽面纹的极盛期。饕餮纹是青铜器，也是灰陶器的常用纹样，白陶器上的饕餮纹尤称精绝。汉魏至东晋陶瓷器流行堆贴铺首，实质也是一种兽面纹，可视作饕餮纹的一种变体。明清两代瓷器上饕餮纹再度流行，以印花、刻花、彩绘、透雕诸般技法加以表现。上海博物馆藏明万历白釉饕餮纹瓶，腹体刻画精美的饕餮纹，高圈是内青花双栏楷书"古周饕餮万历年制"款，为传世珍品。清代名品有康熙青花饕餮纹瓶、五彩加金饕餮纹方熏、五彩加金饕餮纹尊等。

△ 青花鹤鹿同春棒槌瓶 清康熙
高48.5厘米

△ 粉彩百鹿图双耳尊 清晚期
高47厘米

（2）鹿纹

鹿纹，是一种反映原始渔猎生活的传统的陶瓷装饰纹样，最早出现在新石器时代仰韶文化半坡类型彩陶器上。卡约文化彩陶上的鹿纹已有站立和奔跑的不同姿态，还有以鹿角为纹样的。战国至汉代陶瓷器上鹿纹少见。唐代长沙窑有青釉鹿纹褐绿彩注壶，小鹿体态轻盈，边跑边顾盼，是不可多得的佳作。宋代缂丝上的天鹿纹移植于瓷器，典型纹饰如定窑白釉盘上的印花鹿纹，画面上两只长角鹿奔跑在枝叶缠绕的花丛中，前一只鹿回首张望，后一只鹿追赶鸣叫。磁州窑枕面上所绘鹿纹动态不同，或在山中奔跑，或在草莽间漫步，或卧于灌木中惊望，或立于路途上踟蹰，线条流畅写意。吉州窑白地黑花罐上描绘的鹿衔草飞奔的图画，简练生动。耀州窑金、元时期青瓷上的鹿纹别具一格，婴孩驯鹿纹、卧鹿衔牡丹纹颇为新颖。明代晚期流行以谐音和寓意象征吉祥的纹样，鹿纹作为"禄"的替代形象常与蝠（福）、寿桃组合成"福禄寿"吉祥图案出现在青花瓷器上。万历五彩瓶上，描绘各色鹿栖息于山石林间。清代尤盛吉祥纹饰，鹿纹被广泛采用。乾隆朝创烧的粉彩百鹿纹尊，把鹿纹的人文含义推到了极致，乾隆以后及近代仿制品较多。

◁ 粉彩人物鹤鹿同春撇口瓶　清雍正
高28.5厘米

（3）狮纹

狮纹，是一种传统陶瓷装饰纹样，包含以狮为主的组合纹饰，如狮子与绣球、狮子与人物等。狮子于西汉时自西域传入，被视为祥瑞之兽。六朝前期青瓷上盛行狮纹装饰，多在堆塑罐、唾盂等器物的肩腹部塑贴狮纹或胡人骑狮纹，还盛行以狮为造型的狮形烛台。唐代瓷器上的狮纹有单纯构成画面的也有与人物配合构成画面的，如长沙窑褐彩注子上的模印贴花狮纹、太原西郊唐墓出土的青瓷扁壶上模印的狮与胡人形象。五代耀州窑青瓷上出现双狮追逐嬉戏的纹样，开后代狮戏类纹饰先河。入宋以后盛行狮子与绣球的配合纹饰，习称"狮球纹"。宋代定窑白釉瓷盘上出现印花狮球纹。耀州窑青瓷上的狮戏纹则是双狮顺向追逐。元代红绿彩瓷和青花瓷上以绘画方法表现狮纹，如红绿彩玉壶春瓶上绘狮戏绣球纹。明、清两代青花瓷、五彩瓷及琉璃器上，狮纹是常用纹样。构图上有双狮戏球、三狮戏球等。南京市博物馆藏明永乐至宣德大报恩寺琉璃宝塔狮纹琉璃建筑构件，狮的造型奇伟，制作精湛。其他典型器有"永乐年制"篆款青花压手杯，杯心绘画双狮滚球，为永乐压手杯的上品。还有宣德狮球纹青花大盘、宣德狮球纹青花罐、清康熙五彩描金狮球纹长颈瓶，所绘狮纹皆传神动人。

△ 豆青釉模印螭龙双狮耳瓶 清康熙

高34厘米

△ 釉里红三狮图橄榄瓶 清乾隆

高31.8厘米

（4）麒麟纹

麒麟纹，是瓷器装饰的一种典型纹样。麒麟是古代传说中的一种祥瑞神兽，被视作吉祥象征，是古代麟凤龟龙"四灵"之一。形象略似鹿，独角，全身生鳞甲，尾像牛尾，简称"麒"。麒麟纹作为瓷器装饰题材在元代景德镇窑兴起，常作为主题纹饰配以山石瑞果，也见有与飞凤相配，组成麟凤纹。典型作品有元青花麒麟花果纹菱口大盘、元青花麟凤纹四系扁壶等。明代前期，受宫廷风尚及服饰制度影响，麒麟纹在瓷器上较为盛行，并有多种形态。明代中期较少见，但不乏精彩之作，如成化青花麒麟纹盘，以祥云衬托麒麟，颇似仙界气象。明代晚期，民窑青花瓷器仿袭明代前期纹饰，麒麟纹又大量出现，但是绘制潦草。清代吉祥观念更加突出，于是麒麟送子纹、麟吐玉书纹等麒麟纹便大量出现，比比皆是。

△ **青花釉里红狮戏绣球纹瓶　清乾隆**
高37.1厘米

（5）海马纹

海马纹，是瓷器装饰的一种典型纹样，系从元代舆服制度中帝王仪仗旗帜上的白马纹移植而来，散见于唐代三彩器上，元代盛行。白马，又称玉马，特征是两膊有火焰。《元史·舆服二》有记："玉马旗，赤质，青火焰脚，绘白马，两膊有火焰。"在元代瓷器装饰上，常在瓶、罐上部的云肩形纹饰中绘白马海水纹，习称"海马纹"。如元青花大罐的肩部所绘海马纹，画一匹两膊火焰上飘的白马，不加渲染，配以蓝线勾画的起伏不断的海浪，加强了白马的神奇感。明代前期和中期的青花瓷及彩绘瓷上，仍可见海马纹，如明成化斗彩罐上，描绘赤马腾跃于万顷碧波上，使得白马形象更具神异色彩。

△ 黄地海水赭绿云龙纹天球瓶 清道光
高29.6厘米

△ 绿地赭龙纹碗 清道光
直径11厘米

（6）龙纹

龙纹，是中华民族最典型的陶瓷装饰纹样之一，表现古代传说中神通广大、翻云覆雨的动物——龙。广义上可包含由龙纹和其他纹样组合而成的纹饰，如云龙纹、海水龙纹等。狭义上仅指纯粹龙纹或以龙纹为主体的纹饰。龙纹最早出现在中原地区龙山文化陶瓷器遗物上。龙的形象从古至今经历了无数次的演变。宋代以前瓷器上的龙纹还没有规范，多呈兽状，身体粗犷，宋代对龙纹形体开始有了定式，直到元、明、清代，均身为蛇形，身体至尾部渐细，四肢上有羽毛，趾有三、四、五不等，龙首有角、发、须。

（7）夔纹

夔纹，是一种瓷器装饰纹样。夔是古代传说中的一种奇异动物，似龙而仅有一足。《庄子·秋水》中载："夔谓蚿曰：'吾以一足趻踔而行。'"汉代许慎《说文解字》也谓夔"如龙一足"。夔纹原本流行于商、西周青铜器及玉器上，商代的白陶因造型和纹饰均模仿当时的青铜器，故也有印夔纹装饰的。瓷器上的夔纹主要流行于明、清景德镇瓷器上，如宣德青花夔龙纹罐、嘉庆青花夔龙福禄万代瓜棱形龙耳瓶等。

△ 青花云龙纹盘 （两件） 清道光
直径26.8厘米

◁ 黄地素三彩雕龙纹贯耳方瓶 清中期
高29.5厘米

(8)螭纹

螭纹，是一种典型的瓷器装饰纹样。多用于房屋门窗、家具、瓷器和服饰的装饰。螭，是古代传说中的一种动物，龙生九子之一。

其嘴大，肚子能够容纳很多水，多用于排水口的装饰，称为"螭首散水。"属蛟龙类。螭纹最早出现在商周青铜器的装饰图案中。由于受复古风气的影响，宋代瓷器开始大量出现螭纹的装饰纹样。

◁ 德化窑螭龙执壶 明代
高15.2厘米

▷ 粉青釉刻螭龙笔筒 清康熙
直径18.4厘米

（9）鱼纹

鱼纹，是古代传统纹饰之一。鱼纹广义上包括由鱼纹和其他纹样组合而成的纹饰，如鱼藻纹、鱼鸟纹等；狭义上则仅指纯粹的鱼纹或以鱼纹为主体的纹饰。鱼纹常用刻画、彩绘、模印、塑贴等表现手法。宋代以后，鱼纹题材广泛地在瓷器装饰上得到运用。定窑、磁州窑、耀州窑、景德镇窑、龙泉窑、德化窑、容县窑等的制品中，都有风格各异的鱼纹出现。元、明、清瓷器中鱼藻纹饰更为普遍。瓷器上还常出现鱼纹与蝙蝠、戟、磬、盘肠、钱等纹样组成"连年有余""吉庆有余""富贵有余"等含有吉庆祥瑞意义的纹饰。

△ 龙泉窑双鱼耳瓶　明代
高17.5厘米

◁ 矾红彩描金海水双鱼撇口瓶　清康熙
高26.2厘米

(10) 摩羯纹

摩羯纹，是一种典型的瓷器装饰纹样。摩羯本是印度神话传说中的河水之精、生命之本，4世纪末传入中国。经隋唐，摩羯形象融入龙首的特征。宋代瓷器上的摩羯纹多见于耀州窑瓷器。往往在青瓷碗的内壁刻画头上长角，鼻子长而上卷，鱼体鱼尾的鱼形摩羯，或在碗心的莲池中盘旋，或在碗壁的碧波中对游。摩羯纹有的作为主题纹饰出现，也有作辅助纹饰的，与水波、莲荷、荷叶等组成带状纹，衬托婴戏主题纹饰。辽代三彩陶器中仍可见摩羯形壶。宋以后摩羯纹不再流行。

(11) 鸟纹

鸟纹，是一种传统的陶瓷器装饰纹样，广义上可包含由鸟纹与其他内容组合而成的纹饰，如花鸟纹，狭义上则仅指纯粹鸟纹或以鸟纹为主体的纹饰。神话性质的凤纹或其他瑞禽纹也归在鸟纹类属。鸟纹的表现技法有刻画、彩绘、模印、塑贴等。鸟纹最早出现在河姆渡文化和仰韶文化半坡类型的遗存陶器上。秦汉时期受四神观念影响，朱雀纹流行在灰陶、原始青瓷、铅釉陶器和画像砖、瓦当等建筑用陶上。魏晋时期，鸟纹多以塑贴形式出现，如谷仓罐上觅食的小鸟，盒盖顶钮作栖息的双禽，神态可爱。北朝青瓷上的画花小鸟，简洁质朴。唐宋以后，受中国画影响的鸟纹多与花卉纹相配为饰，习称花鸟纹。唐代长沙窑注壶流下方的腹部，多绘、贴小鸟与花草，纹饰洗练生动。宋代吉州窑梅枝雀鸟纹、磁州窑竹枝白头鸟纹、绶带鸟穿花纹、水泽喜鹊纹等，都是民间气息浓郁的纹饰。明清时期花鸟纹更是层出不穷。明宣德青花菱口盘上枇杷绶带鸟纹，画意清新，格调不凡。清康熙洒蓝描金瓶的五彩花鸟纹、雍正珊瑚红地粉彩瓶的翠竹玉鸟纹等，构图考究，用笔精细，宫廷气浓重。

◁ 粉彩花鸟盘 清雍正
直径39.7厘米

▷ 青花加彩花鸟玉壶春 清光绪
高30厘米

◁ 粉彩花鸟纹大罐 清雍正/乾隆
高66厘米

▷ 粉彩花鸟纹大罐 清乾隆
高48厘米

（12）花鸟纹

花鸟纹，是一种传统的陶瓷器装饰纹样，因以花卉与鸟类相配组成画面而得名。最早见于唐代长沙窑釉下彩绘瓷器上，宋代则主要见于磁州窑白地黑花瓷器及耀州窑青釉刻花瓷器上。明、清时期景德镇窑彩瓷上盛行花鸟纹装饰，如明宣德青花枇杷绶带鸟纹盘，描绘绶带鸟正在啄食枇杷的生动图像，成为彩瓷花鸟纹的代表作。成化时期瓷器上的花鸟题材，比宣德时更为普遍，鸟的种类更多，大多栖于枝头，形态活泼有生气。清康熙瓷器上的花鸟纹更多地揉进中国画工笔画法，使所绘花鸟更加生动逼真。

△ **釉里红开光花鸟玉壶春　元代**
高25.5厘米

△ **五彩花鸟棒槌瓶（一对）　清康熙**
高44.8厘米

▷ 五彩花鸟花口盘 明万历
直径15.5厘米

△ 洒蓝地五彩开光花鸟图棒槌瓶 清康熙
高46厘米

△ 青花花鸟纹天球瓶 清雍正
高34.7厘米

◁ 外胭脂红内粉彩花鸟纹盘 清雍正
直径20.8厘米

（13）凤纹

凤纹，是一种传统的陶瓷器装饰纹样。凤是远古氏族图腾的一种标志，是远古传说中"出于东方君子之国"的神鸟，其形象在传说中十分神秘奇异。新石器时代某些文化遗存陶器上出现的不可称名的鸟纹很可能即是当时观念中的"凤之象"。战国及秦汉时期，陶瓷器及建筑用陶瓦当上多出现夔凤纹和朱雀纹，此时凤的形象趋于明确。唐代以凤的形象与高冠长尾的孔雀几乎相同并成定式。唐长沙窑青釉注子上釉下彩绘展翅之凤，侧题"飞凤"二字。唐三彩陶器上也多有印花凤鸟纹。宋代定窑、耀州窑、景德镇窑瓷器常见印花凤纹，多与牡丹相配，形成凤衔牡丹、凤穿牡丹等典型画面，还有双飞凤、双凤穿云等形象。耀州窑遗址出土的凤衔

△ 青花双凤扁壶 元代
高23厘米

△ 青花凤栖梧桐纹大瓶 清乾隆
高74厘米

△ 粉彩梅雀纹杯 清嘉庆
高6.5厘米，口径10.4厘米

牡丹纹青釉印花碗，牡丹花心印"政和"年号。此外，宋吉州窑窑变釉剪纸贴花凤戏朵花纹，新颖别致。元大都遗址出土的青花凤纹扁壶，以凤首作流，壶身绘展翅飞翔的凤体，凤尾卷起作柄，融实用与美观于一体，构思精妙。明、清两代青花、五彩、素三彩等类瓷器上大量运用凤纹装饰，有单凤、双凤、九凤以及与百鸟组成的画面，如北京故宫博物院藏明宣德青花凤纹菱花洗、万历五彩镂空凤纹瓶。上海博物馆收藏的清康熙百鸟朝凤纹大盘，描绘出凤凰作为百鸟之王的高贵之态。

△ 龙泉窑双凤耳瓶 明代
高25厘米

（14）凤尾纹

凤尾纹，是一种典型的瓷器装饰纹样，因图案形似凤尾而得名。凤纹多作为地纹，或作为辅助纹饰，有锥凤尾和画凤尾两种装饰方法。锥凤尾系用锐器在纤、蓝、黄、绿等粉彩地色上划出凤尾纹，俗称压凤尾，作为地纹。画凤尾系用彩笔描绘而成，用为辅助纹饰。凤尾纹盛行于清乾隆、嘉庆时期彩瓷上，清乾隆蓝地粉彩凤尾纹开光山水图碗等是其典型作品。

◁ 粉彩婴戏图凤尾尊 清雍正
高44.5厘米

（15）龙凤纹

龙凤纹，是一种典型的瓷器装饰纹样，描绘龙与凤相对飞舞的画面。龙为鳞虫之长，凤为百鸟之王，都是祥瑞之物。龙凤相配便呈吉祥，习称龙凤呈祥纹。宋代耀州窑为宫廷烧制的青釉盘、碗上有刻画龙凤对舞的纹饰。元代磁州窑有在罐腹两面开光内分别绘龙、凤纹。明、清两代宫廷用瓷上、青花、釉里红、五彩、斗彩龙凤纹饰尤为多见。明万历五彩龙凤纹笔盒、清康熙斗彩龙凤纹盖罐等都是典型之作。乾隆粉彩龙凤纹盒的盖面上饰龙凤对舞戏珠的纹样，别有情致。

△ **红地粉彩龙凤纹瓶 清光绪**
高35厘米

◁ **五彩龙凤纹碗 清道光**
直径14.9厘米

▷ **青花龙凤纹葵口碗 清雍正**
直径15.8厘米

（16）鹤纹

鹤纹，是一种典型的瓷器装饰纹样。古人以鹤为仙禽，喻意长寿。《淮南子·说林训》记"鹤寿千岁，以报其游"，用鹤纹蕴含延年益寿之意。瓷器装饰中的鹤纹始见于唐代，越窑青瓷上有刻画鹤在云间飞翔的图案，习称"云鹤纹"。宋代耀州窑青釉瓷器上有双鹤展翅上下翻飞、群鹤飞舞穿行云间以及群鹤与博古相间的图案，还有罕见的仙人骑鹤纹样。明、清瓷器上多画丹顶鹤，景德镇窑青花瓷、五彩瓷、黄釉绿彩瓷上多见，有云鹤纹葫芦瓶，鹤纹与寿字相配，组成长寿画面。有黄绿彩鹤纹碗，鹤衔葫芦穿云而飞，寓意福禄寿。有珐琅彩瓶，群鹤与梅树组成的纹样别有情致。还有仙鹤衔筹飞向海上瑶台祝寿，称作"海屋添筹"纹。

△ **青花云鹤纹大盘　明嘉靖**
直径44厘米

△ **花八卦云鹤纹碗（一对）　清光绪**
直径13.5厘米

(17) 雁纹

雁纹，是一种传统的瓷器装饰纹样，广义上包含以雁纹为主配合其他景物的纹饰，狭义的仅指单独的雁纹。雁纹常以其憩息环境芦苇为衬景，习称"芦雁纹"。元代服饰制度上称雁衔芦，所以又称"雁衔芦纹"。扬州博物馆藏唐代长沙窑青釉执壶上有写实的模贴雁纹。宋代耀州窑和磁州窑的雁纹装饰，表现手法主要是印花和彩绘。宋代磁州窑白地黑花枕面上画有排成人字形的南飞雁。北京故宫博物院藏金代磁州窑白地黑花残荷秋雁纹虎形枕、上海博物馆藏金代磁州窑鹊鸟飞雁纹虎形枕，上画雁在空中飞翔的画面。元代瓷器上的雁纹，变为口衔芦苇展翅飞翔状，并成为一种定式。如江西高安窖藏出土的釉里红匜，在适合纹样的圆形画心部位描绘一只红色衔芦之雁。明代民窑青花瓷器纹样上将雁置于芦苇滩汀上，充溢着一种野逸气息。清康熙民窑青花瓷器的芦雁纹承袭了这一风格。

(18) 鸳鸯纹

鸳鸯纹，是一种典型的瓷器装饰纹样。古人视鸳鸯为爱情的象征，《古今注》说鸳鸯为"鸟类，雌雄未尝相离，人得其一，则一必思而死，故曰匹鸟。"瓷器装饰中的鸳鸯皆成双成对出现，而且多与莲池相配，习称鸳鸯戏莲纹、鸳鸯卧莲纹、莲池鸳鸯纹。宋代定窑、景德镇窑、耀州窑、磁州窑的碗、盘、枕等器物上普遍采用鸳鸯纹。表现手法主要是模印、刻画、彩绘。定窑白釉盘上所印鸳鸯纹，有一对鸳鸯于塘边小憩，另一只在天空孤飞，此种画面极为少见。元代青花瓷器上，鸳鸯纹颇多，有作主题纹饰的，也有作辅助纹饰

△ **五彩荷塘鸳鸯图罐 清光绪**
高30.4厘米

的。上海博物馆藏青花缠枝牡丹纹瓶，在肩部垂如意云头纹内填画莲池鸳鸯纹，即为以鸳鸯纹作辅助纹饰的代表。明、清两代青花瓷、斗彩瓷、五彩瓷上常见鸳鸯纹饰，典型器物有明宣德青花五彩鸳鸯莲花纹碗、明成化斗彩鸳鸯莲花纹盘、北京故宫博物院藏明万历五彩鸳鸯莲池纹瓶等，均为传世之作。

（19）鹦鹉纹

鹦鹉纹，是一种典型的瓷器装饰纹样，始见于唐代瓷器，流行于晚唐至北宋。在构图方法上无论是表现展翅飞舞的单体鹦鹉，还是首尾相对的成对鹦鹉，都考虑器物造型特征，处理成适合纹样。这些都是因为深受金银器装饰风格的影响。主要表现方法是彩绘、刻画。唐长沙窑出土的鹦鹉纹枕，笔法流利，生动自然。唐代密县窑珍珠地画花鹦鹉纹枕，表现鹦鹉扑翅落地的动态，生动逼真。五代至北宋，鹦鹉纹出现较多，甚至盛行鹦鹉形壶式，习称"鹦鹉壶"。在内蒙古和林格尔、河北定县分别出土过黄绿釉鹦鹉壶、绿釉鹦鹉壶。北宋越窑青釉碗、盘等器物上，常刻画首尾相逐的两只鹦鹉，装饰更具韵味。

（20）鸭纹

鸭纹，是一种典型的瓷器装饰纹样，包括单独的鸭纹和以鸭为主体的组合纹饰。鸭纹多配以荷莲或芦苇，更奇者与雄鹰相配。宋代受中国花鸟画题材影响，瓷器上的鸭纹最为丰富，定窑、景德镇窑、耀州窑、磁州窑多以此为装饰题材，画面上多是两只或四只鸭成双成对，周围莲草相间，装饰别有趣味。同时也有荷莲间三鸭戏游的。定窑白釉盘上鸭纹多出现在器壁上，作三组鸭莲纹构图，器心则饰配荷叶莲花纹。台北"故宫博物院"藏定窑白釉画花鸭纹盘，以皓月、水波、芦苇陪衬仰首并游的双鸭，表现月夜池塘小景，极富诗情画意。磁州窑白地黑花瓷枕上描绘莲池游鸭、竹林双鸭、老鹰逐鸭，还有珍珠地莲鸭等纹饰，构图简要，笔意生动。尤以老鹰逐鸭纹最为精彩，黑鹰从天飞扑而下，一鸭仓皇逃窜，一鸭急钻入水，尚露腔尾，水花四溅，芦苇摇曳，画面真切动人。耀州窑瓷器上的鸭纹，多为浮游水波中的小鸭，常与鸳鸯、水草等组合。金代的鸭纹多为二方连续式构图，图案较为严谨工整。元、明青花瓷器上，也有鸭禽纹，但构图已逐渐疏朗。明末民窑青花瓷上的芦鸭纹，颇有当时文人画的野逸之风。

△ **米色地五彩枸杞双蝶图盘 清康熙**
直径19.4厘米

△ **蝴蝶纹玉壶春瓶 清宣统**
高29厘米

（21）蝴蝶纹

蝴蝶纹，是一种典型的瓷器装饰纹样，广义上包含以蝴蝶为主配以其他内容的纹饰，狭义上仅指独立的蝴蝶纹。受宋代花鸟画成熟的影响，瓷器装饰中花鸟虫鱼题材大增，蝴蝶纹开始盛行。宋瓷上蝴蝶纹多取蝴蝶对飞纹样作圆形构图。内蒙古辽陈国公主墓出土的越窑青釉洗、河北定县北宋塔基出土的定窑白釉花口洗，都在洗心划刻细线双蝶纹。宋吉州窑剪纸凤梅蝶纹盏，以剪纸贴花手法将与双凤相配的双蝶纹表现得形简神传。明代青花瓷、五彩瓷、斗彩瓷上，蝴蝶多与花卉组成主题纹饰，表现蝶恋花的意境，习称"花蝶纹"。也有作为辅助纹样点缀在花鸟画面中的。典型器物有明成化斗彩团蝶纹罐、万历五彩花鸟花蝶纹蒜头瓶等。清代五彩瓷、粉彩瓷上的蝴蝶纹，有图案风格的团蝶纹，也有写实风格的飞蝶纹。康熙五彩蝴蝶纹瓶，采用散点式构图法，在瓶体上绘画成双成对或三只两只聚集飞舞的蝴蝶，清丽新巧。还有一种在冰裂纹地上绘画彩蝶翻飞，装饰手法别具一格。雍正粉彩团蝶纹碗，以草花与双飞蝶构成的5组团蝶纹均匀环布碗壁，精致美观。雍正以后瓷器上还盛行一种瓜蝶纹，即以瓜蔓与蝶纹相配，谐音"瓜瓞"，习称"瓜瓞绵绵"，寓意子孙万代连绵不绝，乾隆粉彩瓜蝶纹瓶即为代表之作。

3 | 人物纹

人物题材是我国陶瓷纹饰中的重要组成部分，并且有着悠久的历史，如早已为世人所熟知的西安半坡彩陶中的人面鱼纹，堪称为早期人物纹饰的杰出代表。人物纹饰在瓷器上的应用，大致是在魏晋时期，显然要晚于植物、动物纹饰。

（1）婴戏纹

婴戏纹又称婴戏图或耍娃娃，是一种以儿童游戏、玩耍的画面为装饰题材的瓷器装饰纹样。早在唐代长沙窑瓷器上就见到过婴戏纹，入宋以后南北瓷窑都喜用婴戏纹作瓷器的装饰纹样。有婴戏花、婴戏球、婴戏鸭、婴戏鹿，还有荡船、骑竹马、钓鱼、放爆竹、抽陀螺、蹴鞠等儿童嬉戏的生活画面，笔画简洁流畅，构图生动活泼。

◁ 黄地绿彩八字婴戏碗　清乾隆
直径15.8厘米

▷ 粉彩婴戏图笔筒　清嘉庆
高12.3厘米

◁ 青花婴戏纹碗　清道光
直径15.4厘米

（2）仕女图

仕女图因画面是以仕女为主题而得名。"仕"在古代的本义为"做官"，因此仕女主要是指古代宫女、贵族官僚家庭的妇女。它最早见于唐代长沙窑瓷器上，其丰盈的肌肤和饱满的体态，具有十分明显的唐代仕女画的流行风格。宋元时期仕女图比较少见，这与当时花鸟画的盛行有很大的关系。由于元代仕女图器物所见甚少，明代仕女图并不多见。清代仕女图大量增加，历朝都有绘制，但风格画法却各不相同。

▷ **粉彩仕女婴戏图盘 清雍正**
直径24厘米

◁ **粉彩仕女婴戏图盘口瓶 清雍正**
高35.5厘米

△ **三彩高髻仕女俑 唐代**
高39厘米

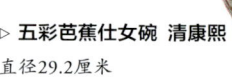

▷ **五彩芭蕉仕女碗 清康熙**
直径29.2厘米

▷ **珐华高士人物梅瓶 明中期**
高37厘米

◁ **青花江畔高士图长颈瓶 清康熙**
高24.6厘米

（3）高士图

高士图特指人物图画中以文人雅士情趣生活为主要题材的一种典型的瓷器装饰纹样。以王羲之爱鹅、爱兰，陶渊明爱菊，周茂叔爱莲，林和靖爱鹤最负盛名，俗称"四爱图"。除此之外，还有的图案是描绘隐士行踪，如携琴访友、山涧行吟等。在当时封建道德规范下，这些人士大多以高士著称，因此这类纹一般称为高士图。高士图常出现在青花瓷和斗彩瓷上，多出现在瓶、缸、罐、杯等器物的主要部位，作为主要装饰纹样。

（4）历史故事图

历史故事图，是以历史人物故事情节为题材，一种典型的陶瓷器装饰纹样。主要流行于元、明、清时期，题材多来自于历史小说或戏曲。在清代，有的历史故事篇幅较长，会出现类似连载的情况，就是一个故事必须由一套瓷器来描述，每件器物只是故事中的一出或一个场景；而篇幅短的故事，则可以在同一件器物上运用它的几个侧面一次说清。

（5）刀马人图

刀马人图，是瓷器的一种装饰纹样，因描绘战争或习武场面的人物、坐骑、弓刀而得名。如火烧赤壁、曹操大宴铜雀台、五霸战争等历史人物故事。清代早期景德镇窑瓷器大量采用，构图复杂，人物生动。

（6）渔家乐图

渔家乐图，是描绘渔夫们欢乐的劳动生活情景的一种瓷器装饰纹样，有饮酒庆丰收、小舟垂钓、渔舟唱晚、渔翁得利等画面。渔家乐图流行于清康熙朝，多见于青花瓷器，以翠蓝色青花加以描绘，显得明快清新。北京故宫博物院藏清康熙二十九年（1690）庚午日青花渔家乐方瓶，在画面的一侧题写"得鱼换酒江边饮，醉卧芦花雪枕头"七言诗句，下署"木石居"款，诗书画皆富有韵味。代表性作品有康熙青花渔家乐图笔筒、康熙青花渔家乐图四方花盆等。

（7）耕织图

耕织图，是一种典型的瓷器装饰纹样，主要描绘的是农家耕种与纺织的生产场面。耕织图起初源于南宋时期。清康熙帝命内廷画家重新绘制《耕织图》，绘作耕图和织图各23幅，分别描写从"浸种"到"祭神"；从"浴蚕"到"成衣"的全部生产过程。从此瓷器上开始出现耕织图纹，康熙五十一年（1712）以后大量流行，并成为康熙时期独特的题材。

◁ **五彩水浒人物图盘 清康熙**
直径20.2厘米

▷ **五彩人物故事图棒槌瓶 清雍正**
高43.3厘米

4 | 几何纹

几何纹是一种原始的装饰纹样,因其是以点、线、面组成多种有规则的几何图形而得名。包括网纹、三角纹、八角纹、菱形纹、曲折纹、雷纹、回纹、弧线纹、窄条纹、漩涡纹、圆圈纹、回旋勾连纹等,也可专指那些难以名状的抽象图案。新石器时代早期的纹样多为简单的画、刻、剔、刺、压印、堆贴装饰。到新石器时代中晚期,纹饰的结构形态渐渐复杂起来,纹饰风格逐渐由拟实进入抽象,几何纹样成熟起来。到了商周时期,陶器上的几何纹十分突出,吴越地区几何印纹硬陶文化尤为发达。秦汉以后各代,几何纹始终是陶瓷器常见的装饰图案或辅助纹饰。

(1)条纹

条纹又称"条形纹""线纹",是一种原始的陶瓷装饰纹样,主要是由一些较短而又相对独立的线条构成的,分为竖线、横线、斜线、弧线、宽线、窄线、单线、复线等多种形状。其中平行而又下垂呈帘子状的称为垂帘纹,篮纹也可视为条纹中的一种。条纹中有单独成立为一个个体的,也有的和圆点纹、漩涡纹等纹饰组合成复合纹样。其表现技法主要有刻画、压印、拍印、彩绘等。

▷ **天蓝釉柳条纹缸 清康熙**
高17.5厘米,宽25.5厘米

（2）回纹

回纹，是瓷器装饰中一种传统的纹样。它是由横竖短线折绕组成的方形或圆形的回环状花纹，因其纹样形状如"回"字而得名。回纹与雷纹同源同义，也可划分为雷纹形象的一种，实际上就是从古代陶器和青铜器上的雷纹衍化而来的几何纹样。

◁ 青花缠枝花卉大碗 清雍正
直径29.3厘米

碗撇口，弧腹，圈足。器形朴拙墩厚，胎质细密，意仿永宣骰子大碗，深得其意，釉层甚厚，润泽洁亮，呈现雍正器的典型特征。内施白釉，外壁以缠枝莲纹作主题纹样，外沿绘一周青花海水纹为边饰，口沿横书"大清雍正年制"楷书款。圈足外饰一周青花蔓草纹，画工精湛，青花浓艳。外壁装饰的青花缠枝莲纹，与口沿处之江牙海水、底足上的变形回纹相映成趣。

▷ 青花缠枝莲纹双耳鹿头尊 清乾隆
高45.7厘米

尊圆口，溜肩，以下渐广，腹部丰满鼓圆，圈足整齐且直。肩部对称夔龙形耳。口沿部饰回纹、寿字纹、如意纹三层纹饰，肩、腹部满绘缠枝莲纹，取其"清廉"之寓意。足胫部绘莲瓣纹、卷草纹。构图严谨，纹饰紧凑，画工精湛，青花色泽浓丽，有晕散。乾隆朝青花纹饰题材广泛，主要以植物花卉为主，富丽繁密，细致精巧，本件器物上有多层图案装饰，无论是写意还是变形，无不主题鲜明，画工严整细腻，极富装饰效果。

（3）弦纹

弦纹，是一种原始的陶瓷装饰纹样。呈细而长的线条形，水平展开并环绕其器物周围。大多的图案是刻画出单一的或若干道平行的线条，排列在器物各个部位，如颈、肩、腹、胫等。弦纹的出现与原始制陶中使用的轮制方法的产生有密切关系，旋刻出来的弦纹又称为"旋纹"。

△ 窑变釉弦纹小鹿头尊　清代
高17.7厘米

△ 德化窑白瓷兽面三足弦纹洗　明代
直径19厘米

△ 窑变釉弦纹折肩如意耳瓶　清道光
高22.5厘米

△ 炉钧釉鼓钉弦纹盘口瓶　清雍正
高38.5厘米

（4）水纹

水纹，又称为"水波纹""波浪纹"或"波状纹"等，凡是形象摹拟水流动的形态，形式不一，名称不一的都统称为"水纹"。其中专门来表现海水波涛的纹饰图案，习惯上称作"海水纹"或"海涛纹"。这种纹饰多出现在宋代以后，特别是明清时代的瓷器上。着重表现水的漩涡的，一般称为"旋涡纹"或"涡纹"。水纹的表现方法主要有刻画、彩绘、拍印、模印等。

△ **冬青釉暗花水波纹花口碗 清乾隆**
直径25.7厘米

◁ **青花海水云龙纹缸 清乾隆**
高13.5厘米

该器唇口，圆肩，鼓腹，敛胫，矮圈足。通体施白釉，涩胎玉璧底，中心落青花"大清乾隆年制"六字三行篆书款。缸内壁光素无纹，腹部用青花绘有行龙戏珠纹，间以云纹，近足处绘海水波涛纹。只见一龙回首，一龙追逐，形态凶猛，毛发上竖，绘画构图繁密，青花线条凹陷深入胎骨，釉面平整光润，发色浓艳深沉，此器原型为宣德年间首创，乾隆时期又有仿造，多用为书房陈设和书案上放置毛笔或其它用具所用，故又称案缸。

（5）云纹

云纹，是一种传统的陶瓷器装饰纹样，用云朵形纹饰象征高升和如意。云纹多与龙、凤、蝙蝠等相配，有时也单独使用。云纹图案最早来自于春秋战国时期的卷云纹，而且成为汉代云气纹的先导。至汉代，汉画中普遍出现的云气纹与当时的天界、飞升思想有关。

◁ **青花胭脂红云龙梅瓶 清乾隆**
高30.4厘米

此件梅瓶造型端庄，撇口束颈，肩部挺括，敛腹，下承圈足。体态适中，线条柔美中，隐隐透露大气奢华之感，通体绘胭脂彩飞龙及青花海水祥云纹，笔触细腻，釉水明亮，胭脂彩晶莹通透，为乾隆本朝经典器物。

5 | 吉祥纹

（1）福寿吉庆纹

福寿吉庆纹图案一般由蝙蝠、寿桃或团寿以及戟、磬构成。通常以蝙蝠谐音福，以寿桃或团寿喻意寿，以戟、磬谐音吉、庆，蕴含有福寿吉庆的美好祝愿。此外，还有以双钱谐音双全，与福寿纹组成"福寿双全"纹。以鱼谐音余，与戟磬纹组成"吉庆有余"纹。福寿吉庆纹饰主要盛行于清乾隆时期，在景德镇官窑瓷器上较为多见。

◁ **青花福寿云龙纹碗 清康熙**
直径13.2厘米

▷ **青花福寿莲纹抱月瓶 清乾隆**
高49.5厘米

（2）福寿三多纹

福寿三多纹，是瓷器装饰中一种典型的吉祥图案。以佛手谐意福，以桃子谐意寿，以石榴暗喻多子，表现多福多寿多子的颂祷，因此称福寿三多纹。清代瓷器上的福寿三多纹多见于乾隆朝斗彩和粉彩瓷器。还有绘画9支如意与佛手、桃子、石榴相配。9支如意谐意"九如"，即如山、如阜、如陵、如岗、如川之方至、如月之恒、如日之升、如松柏之萌、如南山之寿，皆为祝颂之意，习称"三多九如"。清乾隆粉彩福寿三多纹盘，斗彩福寿三多双耳扁瓶等为其代表作品。

△ 龙泉窑福寿纹双龙耳瓶 明代

高20厘米

△ 龙泉窑永乐福寿瓶（一对） 明代

高20.5厘米

△ 黄地素三彩五福捧寿纹盘 清光绪

直径40.8厘米

△ 斗彩福寿碗 清道光

直径13厘米

△ 黄地粉彩花卉五蝠碗 清道光

直径17.7厘米

（3）五福捧寿纹

五福捧寿纹，是瓷器装饰中一种典型的吉祥纹样。清代康熙景德镇窑始创，以后历朝均有烧制。据《尚书·洪范》称：一为寿、二为富、三为康宁、四为攸好德、五为考终命，是谓五福。清代瓷器上多画5只蝙蝠以象征五福，又有将五蝠纹与桃或寿字相配，组成五福捧寿纹饰。构图上通常在画面中心绘一团寿，上有1只蝙蝠，外围再环以4只蝙蝠。也有绘画5只蝙蝠环捧寿桃或寿字。五福捧寿纹在清乾隆朝颇为盛行。

（4）洪福齐天纹

洪福齐天纹，是瓷器装饰中一种典型的吉祥纹样。指在器身上画许多满天飞舞的红蝠，取谐音"洪福齐天"之意，是一种吉祥图案。蝙蝠纹出现在明代，有在瓷器上绘画百只蝙蝠，谐意"百福"。北京故宫博物院藏乾隆粉彩洪福齐天纹葫芦瓶是典型之作，瓶体用绿色绘天地，无数红蝠翻飞其间，一派洪福祥瑞的气象。清乾隆以后各朝，皆喜用红蝠纹寓示洪福齐天。

（5）日日见喜纹

日日见喜纹，是瓷器装饰中一种典型的吉祥纹样，以喜鹊寓喜，盛行于清乾隆时期。在器物上描绘月亮和喜鹊，如《饮流斋说瓷》所记："绘喜鹊三十只者，有一红月，名曰：'一月三十喜'，又名曰'日日见喜'，皆吉祥语也。若不足三十者，即以其数名曰若干喜。杂以红梅，亦颇不俗。"传世品中见有清乾隆青花月亮喜鹊梅花纹瓶，青花釉里红红日喜鹊海水纹碗等，表明日日见喜纹的题材有多种画法。

（6）三羊开泰纹

三羊开泰纹，是瓷器的一种装饰纹样。取材于《易经》"正月为泰卦，三阳生于下"。《易·泰》谓："象曰：天地交，泰。"王弼注："泰者，特大通之时也。"三阳开泰即意味着否极泰来，阴消阳长，万物复苏，为吉祥之象。瓷器图绘

△ **粉彩三羊开泰诗文碗 清道光**
直径13.7厘米

上以3只羊谐音三阳，并衬画山坡、松柏、小树、小草等，画面郁郁葱葱，生机盎然，有的题写"三羊开泰"。还有画9只羊的，题写"九羊启泰"。九阳也是《易经》上说的9个阳数。三羊开泰纹始见于明代中后期，明嘉靖朝有见青花三羊开泰纹杯。清代瓷绘中继续流行这种纹样。

（7）百鸟朝凤纹

百鸟朝凤纹，是瓷器装饰的一种典型纹样，是具有吉祥寓意的风俗图案。画面通常在显要位置画凤凰梧桐，四周配画百鸟，因此称为"百鸟朝凤纹"，也称"仪凤纹"。凤凰为百鸟之长，百鸟朝凤纹即寓示明君威德，人心向归，盛行于清康熙朝，五彩瓷器上较为多见。上海博物馆藏清康熙五彩百鸟朝凤纹盘，以红彩、绿彩、褐彩、黄彩、紫彩、黑彩、蓝彩和金彩描绘，山石上凤凰顾盼生姿，群鸟环绕相向，衬以梧桐、山石、牡丹、莲塘、彩云等图景，将凤凰接受百鸟朝贺的威仪表现得惟妙惟肖。

△ 粉彩麻姑献寿花卉纹盘　清雍正
直径39厘米

（8）麻姑献寿纹

麻姑献寿纹，是瓷器装饰中一种典型的寓意风俗纹样。主要是以麻姑在西王母寿辰赴宴祝寿之景为题材，多用于祝颂女寿星。

麻姑其人其事来自于东晋葛洪《神山传》，麻姑既为仙女，又有献寿之举，因此后世民俗遂将麻姑与祝寿相联系在一起。麻姑献寿纹最早出现在清康熙朝的瓷器上。

（9）福禄寿纹

福禄寿纹，是瓷器的一种装饰纹样。指在器身上画蝙蝠、鹿和松鹤蟠桃，因蝠与福、鹿与禄谐音，而蟠桃松鹤又代表寿，因此得名。清代瓷器上常见，也是一种常见的吉祥图案。

△ 绿地描金粉彩【囍】字福寿纹瓶　清嘉庆
高33厘米

△ 粉彩福禄寿三星图盖瓶　清雍正
高43.9厘米

(10) 一路连科

一路连科，是瓷器的一种装饰纹样。因其在器身上画一只鹭鸶和莲花，取鹭与路、莲与连的谐音而得名。顾名思义，一路连科是对科举时代应试考生的祝颂语，是一种吉祥图案，清代瓷器上多见。此外，画鹭鸶芙蓉寓"一路荣华"，画鹭鸶花瓶寓意"一路平安"等等。

(11) 安居乐业

安居乐业，是瓷器的一种装饰纹样。在器身上画鹌鹑落在树叶上，取鹌与安、落与乐的谐音，由此得名。是一种吉祥图案，清代瓷器上多见。

◁ 粉彩一路连科碗　清道光
直径16.3厘米

▷ 粉彩四季平安图折沿盘　清雍正
直径29厘米

四 瓷器的釉彩鉴赏

1 | 釉瓷

釉瓷是瓷都四大传统名瓷之一，被誉为"人造宝石"，是江西景德镇汉族陶瓷烧造的珍品，其釉色晶莹夺目，可谓五彩缤纷。

釉瓷的种类繁多，有通体一色者，也有多色相间者，前者被称为单色釉，后者被称为花釉。另外还包括高温颜色釉和低温颜色釉，前者指的是烧制温度在1200℃以上的瓷器，后者指的是烧制温度在1000℃以下的瓷器，多以自然界中的动植物和景物命名。

釉瓷的釉料中含有石英、黏土以及助熔剂。着色剂主要有含铁、铜、钴、锰等化合物。

◁ 定窑白釉瓜形龙首执壶 宋代
高17厘米

◁ 磁州窑黑釉白边盏 宋代

高5厘米，直径14厘米

△ 霁蓝釉锥把瓶 清乾隆

高39.5厘米

△ 窑变釉撇口瓶 清乾隆

高22.5厘米

2 | 彩瓷

彩瓷，又名彩绘瓷，是汉族传统名瓷之一。指的是在器物表面中加以彩绘的瓷器。彩瓷的主要种类如下。

（1）釉下彩

所谓釉下彩，指的是彩色纹饰呈现在瓷器表面釉的下面。其特点是彩色画面处于透明釉的覆盖之下，不暴露于外界，这样一来，就不会在使用过程中被腐蚀和磨损，也不致有污染或沾污的危害。

三国和南北朝时期的高温青瓷釉下彩是中国最早的传统的釉下彩，使用排列整齐的彩斑作为装饰或是用黑褐彩绘画神奇人物。其次是唐代长沙窑釉下彩以及晚唐、五代越窑的釉下褐彩。

在中国北方民间瓷窑中，宋代磁州窑是首先烧制釉下彩的重要瓷窑之一。

元、明、清时的青花、釉里红是景德镇的传统名瓷，也是中国陶瓷发展史上最突出的釉下彩瓷。

△ 青花釉里红佛狮戏球图蒜头瓶　清乾隆
高36.3厘米

◁ 釉里红青花八仙纹碗　清乾隆
直径22厘米

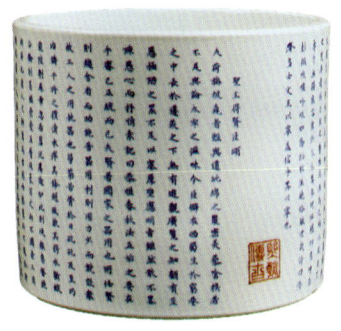
△ 青花釉里红圣主得贤臣颂笔筒 清康熙
直径19厘米

△ 青花釉里红云龙纹梅瓶 清乾隆
高32.5厘米

◁ 豆青釉釉里红灵芝竹节笔筒 清乾隆
宽13.5厘米

▷ 釉里红三果纹碗 清雍正
直径15厘米

（2）釉上彩

所谓釉上彩，指的是彩色纹饰呈现在瓷器表面釉的上面。其特点彩色由一种到多种，在装饰上由简单到复杂，不仅色彩光亮鲜艳，装饰艺术性也更强。

△ 青花长寿富贵图观音尊 清康熙
高43.4厘米

（3）青花加彩

青花属于釉下彩，是彩瓷中的一个大类，也是中国传统名瓷。用青花和其他釉上彩结合的彩瓷种类非常丰富，如青花红绿彩、青花红彩、青花绿彩、青花金彩等。由釉下青花和釉上彩绘构成完整的图画或图案的彩瓷，即统称为青花加彩。

（4）素三彩

素三彩指的是景德镇烧制的一种低温彩釉瓷器。其主要特征是器表纹饰不施红彩，显得幽雅素净。按照中国的传统习惯，人们将非红色称为素色，因此，"素三彩"的名称是根据中国的传统习惯而定的。

清代康熙素三彩最为有名，另外还有光绪仿康熙素三彩等。

△ 素三彩送子观音像 清康熙
高42.5厘米

△ 青花花卉图直筒瓶（一对） 清康熙
高39厘米

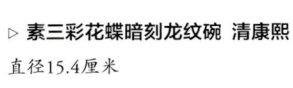

▷ 素三彩花蝶暗刻龙纹碗 清康熙
直径15.4厘米

△ 素三彩暗龙花蝶纹碗 清康熙
直径14.8厘米

（5）色地彩

色地彩属于低温彩釉瓷器，是分别以不同的色彩为地，再施以一种彩作为装饰，各种色彩相互交错使用，从而形成"一地一彩"的瓷器。色地彩是景德镇的陶工在制作瓷器的过程中，采用灵活多变的装饰手法制作的一种彩瓷。

色地彩瓷包括多种，如紫地绿彩、黄地绿彩、红地黄彩、绿地黄彩、绿地紫彩等。有的学者称其为"杂彩"，或将其列入"素三彩"。

▷ 黄地绿彩云蝠花卉纹瓶　清雍正
高41厘米

◁ 白地粉彩缠枝莲托八宝纹熏炉　清乾隆
高30厘米

△ 黄地粉彩佛日常明碗　清乾隆
直径16厘米

△ 黄地粉彩云蝠纹碗　清雍正
直径15厘米

△ 黄地粉彩花卉五蝠碗　清乾隆
直径15厘米

◁ 黄地绿彩八吉祥纹碗　清雍正
直径12厘米

△ 黄地紫绿彩双龙戏珠纹盘　清康熙
直径35.3厘米

五 瓷器的题款鉴赏

1 | 款识的类别

瓷器上的款识大体可分为如下六大类。

（1）纪年款

纪年款，指的是标明瓷器烧造年代的一种款识。纪年款可分为两大类：一种称年号款，用的是当时的帝王年号，如"大清康熙年制"等。另一种称干支纪年款，是用天干与地支组合的，如"乾隆丙午"等。官窑瓷器多为纪年款，民窑只有部分为纪年款。

（2）堂名款

堂名款，指的是私人定烧瓷器的所刻、印、书写的自家堂号。包括堂名、府名、轩名、斋名、殿名、楼名、阁名和室名等。堂名款早在明嘉靖时已出现，明后期开始流行。清朝各个时期皆有，尤以康熙时最为盛行。

▽ 白玉圆雕年年有余摆件 清代

长8.8厘米

△ 黄地粉彩佛日常明碗 清道光

直径11.7厘米

（3）人名款

人名款，指工匠或者是私人定烧陶瓷上所刻、印、书写的别名或名字。例如，三国时期越窑青瓷上的"师袁宜作"、宋代磁州窑"张家造"瓷枕等。明清时期较为多见。

△ 仿官釉八卦琮式壁瓶 清乾隆
高28.7厘米

△ 粉青釉八卦方瓶 清同治
高27.9厘米

◁ 仿汝釉太极八卦纹抱月瓶 清雍正
高48厘米

△ 松石绿地粉彩加金八卦琮式瓶 清代
高28.5厘米

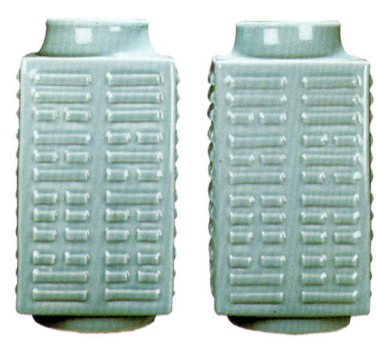

◁ 八卦琮式瓶（一对） 清光绪
高27厘米

(4) 吉语款

吉语款，指陶瓷器上所刻、印、书写的，表示祝福、赞颂的吉祥语。晚明至清代最为流行，如"富贵佳器""福寿康宁"等等。另外还有只题写一个字的，如"寿""福"等。

(5) 图案款

图案款又名"记号款"，指的是陶瓷器上所刻、印、书画的纹祥图案记号。多为民窑所用。明清两代最为流行，如太极图、八卦等。

(6) 其他特殊类款

有一些不能归入上述类别的款识，如"酒""茶"等字，统称为其他特殊类款。

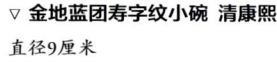
▽ **金地蓝团寿字纹小碗 清康熙**
直径9厘米

◁ **龙泉窑吉字瓶（一对） 元代**
高23厘米，宽2.4厘米

此对瓶小口长颈，瓶颈下部有轮状出沿，肩部两道弦纹，鼓腹欹收，底部圈足，足沿部分无釉，因瓶体形同吉字，故称吉瓶，取吉利之意；似为寺庙供器。整器通体施梅子青釉，釉汁凝重、肥润，釉层透澈晶莹、柔和淡雅，胎骨浅灰，器底厚重，寄托了制瓷艺人朴素的审美观念，追求所谓疏淡含精匀之艺术境界。

2 | 款识类题记

瓷器上的款识类题记主要包括纪年类、斋堂类、吉言类、赞颂类和人名类。

△ 粉彩大吉葫芦式壁瓶 清乾隆
高35厘米

△ 五彩万寿无疆龙纹盘 明万历
直径31.8厘米

△ 青花加官晋爵大壁瓶 明万历
高30.8厘米

3 | 诗文字句类题记

诗文字句类题记包括御题诗类、四季风景诗类、花卉诗句类、民间谚语类、山水诗句类、对联类、颂扬名人类、仕女诗句类、短文类、记事类、祈愿类等。

△ 矾红彩三清诗茶碗 清乾隆
直径10.6厘米

△ 五彩题诗西厢记筒瓶 清顺治
高39厘米

第三章

瓷器的辨伪

一 瓷器作伪的形式

1 | 旧器加新彩

过去仿古作伪瓷器不全是新烧，有人将旧瓷加彩加款，因彩瓷比白瓷价高，有款比无款价高，此种作伪方法名曰坯新彩。

2 | 新瓷埋藏法

有些新仿古瓷，为了卖个好价，将其做得像是出土物的样子，故意长期埋入地下，以期整新如旧。特别是低温铅釉的粉彩、五彩、三彩等器物，更容易氧化或者是腐蚀，从而显得旧气。

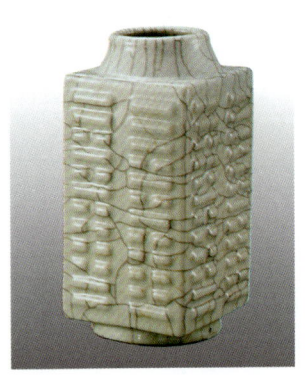

3 | 酸液去光法

仿造者先用氯氟酸轻擦器表,再用烟灰(以烤烟灰为佳)涂擦,新瓷表面的光泽就会大大减弱,并现出久用瓷器所特有的烟黄色痕迹来。鉴定时如对此有怀疑,可用少许肥皂水或汽油轻擦,即可去掉,识破伪装。

4 | 茶碱水煮法

即用土茶水煮器物,使器物的表面上呈现红褐色的茶锈痕。

5 | 后刻款识法

后刻款识的做法有如下几种:

(1)在无款识(旧或新)的瓷器上添刻年款;

(2)磨去瓷器上原有的款识,添上作伪的年款再进行烧制;

(3)把带款的古瓷器底旋切下来,镶嵌在其他的新瓷上,使之成为伪物真款。

第三种做法在清末以后最为流行,撞底(镶嵌)技术也比较高,鉴定时一定要特别注意,尤其要注意器底圈足衔接处胎釉的异常痕迹。

二 瓷器的传统鉴别技巧

掌握了瓷器作旧的伎俩，识别也就容易了。瓷器的传统鉴别技巧有如下几种。

1 | 观造型

仿品造型失去古物风格，轮廓线条生硬。这是最要害的一点。不同时期，不同社会人们的哲学、美学、科技等社会文化差异是巨大的、无法重合的。因此，仿古作品无论怎样精心研究被仿对象，着意模仿古器造型特点，仍必然打上仿造者的时代烙印，给辨伪者留下蛛丝马迹。任何高手制作仿品时均在头脑中有一个蓝本，其制作受该蓝本制约，不能有自己的创作，不能随心所欲，也不能尽心尽意，只能依葫芦画瓢。

◁ 仿哥釉双耳炉 明代
宽10厘米

◁ 仿汝釉菊瓣纹橄榄尊 清雍正
高30.3厘米

△ 仿哥釉贯耳方瓶 清乾隆
高31厘米

2 | 观纹饰

仿品纹饰的绘画不自然。古代瓷器上大多有绘画，仿制品大多笔力拘谨，线条不流畅，有些拙劣的仿品纹饰粗糙。仿品对纹饰图案要刻意描摹，必然十分小心谨慎，所画的纹饰也就拘谨生硬，很不自然了。当然，历来有不少绘画高手参与仿制，由于他们水平高，对真品绘画能心领神会，得其真谛，仿的画也极为形似，但终究不能完全表达出真品艺术的韵味，不能神似。

△ 青花釉里红匡庐图灯笼瓶　清乾隆
高47厘米

△ 青花釉里红龙纹锥把瓶　清乾隆
高31.5厘米

▷ 绿地粉彩描金花卉龙纹罐　清乾隆
高22厘米

3 | 观外表

仿品的表面没有使用后的光滑感。

陶瓷真品大都经历较长时间的使用把玩，器表均留有自然的、不太强也不太弱的，适度的光滑感。这一点只有清朝宫廷的库货例外。清代官窑年年烧造大批瓷器运进皇宫，保存于库房中，有部分从未动用过，这种库货有的虽也有近三百年历史，却无使用特征，看来似乎是老的新器。仿古作伪瓷器，生产出来的时间不长，经手把玩少，当然没有上述古瓷的光滑感。有的仿古作伪瓷虽经人工作旧，但其光滑陈旧感又不太自然，露出人为痕迹。

4 | 观数量

古代留下来的陶瓷数量有限，而仿品的一个特点是大量生产，所以只要看到同一品种有两件甚至多件出现在市场，就值得怀疑。

5 | 掂重量

胎体过重或过轻的是仿制品。这是因为，仿制品与真品所用胎料不同，也不可能相同。现代造假古陶瓷者，用计算机等最新科技手段分析作伪对象的胎、釉的成分、配方，及模拟古器的烧制窑炉气氛，乃至仿造古代窑炉等，所仿古器在胎、釉的手感、外观上几可乱真，不易辨真伪，但鉴定者可从真、伪品的其他方面去突破，主要是不同时代的人的社会文化因素在器物上的反映。清中期以前的瓷器，由于瓷土的关系，非常掂手（即重量大）。清中期以后包括现在的新瓷，胎质疏松，有的胎虽然厚，拿在手上却轻飘飘的。

6 | 观胎质、釉质

胎质、釉质过细的是仿制品。

这是因为，仿制古器时的社会生产力、生产手段等，均比被仿物生产时进步，而仿造者又惟恐做得不精、不细、不真，胎釉料加工时多充分利用当代之生产技术条件，故往往在精细程度上有过之而无不及。如果常去瓷都景德镇拜访那里的师傅，了解新瓷作旧手法，经常到老城区建筑工地上捡旧瓷碎片，辨别真伪的眼力会不断提高。旧瓷片会把你带回从前。面对大量的旧瓷片，将使你熟悉那如脂似玉的胎骨、晶莹剔透的釉水、流畅的线条，回味无穷的青花色和画面上浓郁的生活气息。最重要的是，你能了解那个时代的文化特点，而新瓷则具新时代的文化特点。总之，仿古陶瓷都是现代人所为，或多或少都会带有一些现代人的工艺痕迹。

第三章 瓷器的辨伪

△ 青花胭脂红缠枝牡丹灯笼瓶 清乾隆
高20厘米

△ 霁红釉高足碗 清乾隆
高11.6厘米

△ 粉彩方瓶 清乾隆
高23厘米

△ 青花莲托八宝纹碗 清乾隆
直径26厘米

△ 冬青矾红彩塑螭龙直颈瓶 清乾隆
高20.9厘米

△ 青花双龙捧寿葫芦瓶 清乾隆
高17厘米

△ 宝石蓝釉大天球瓶 清乾隆
高50厘米

△ 粉彩西洋人物碗（两件） 清乾隆
直径20.4厘米

三 明清瓷器的鉴别技巧

要鉴别明、清瓷器，技巧有三：

第一，观察瓷器是否精致细腻。明清瓷器不仅瓷质细腻，造型也很精细。明、清瓷器是中国经过无数朝代的探索，不断完善造瓷工艺，而取得的中国瓷器的最高成果。这决定了它的质地有最大的优势。

第二，观察瓷器的色彩是否丰富。明清瓷器的一大特色是色彩丰富，工艺达到了炉火纯青的境地。除了青花，明、清瓷器更有创造性的是它的彩绘。

第三，观察瓷器的绘画艺术是否精湛。明、清瓷器是继宋代而来的，宋代

△ 娇黄釉盘 明正德
直径15.5厘米

△ 御制黄釉撇口盘 明正德
口径17.6厘米

◁ 青花群仙祝寿大葫芦瓶 明嘉靖
高56厘米

△ 青花双龙戏珠纹八棱洗 明万历
直径35厘米

△ 豆青釉竹纹笔筒 清康熙
高13.5厘米

绘画在中国绘画史上取得了很高的成就，所以，明、清瓷器的绘画明显受到宋代绘画的影响，将明、清瓷器的艺术水平推向了极高的境界。即使是看到一件极普通的明、清瓷器，其绘画线条的行云流水般的流畅和老道都会令人称奇。

▷ **青花人物故事纹盘 明万历**
直径21.5厘米

▷ **五彩人物故事图棒槌瓶 清康熙**
高45.3厘米

▷ **蓝釉瓶 明嘉靖**
高32厘米

△ **德化观音坐像 清早期**
高27厘米

△ **德化窑水仙竹节纹笔筒 清早期**
直径16.5厘米

第四章

瓷器的市场行情

一 瓷器的价值

△ 哥釉葵口盘 明代
直径17厘米

1 | 文物价值

瓷器是古代人们智慧的结晶,产生的年代久远,是历史进步的标志,故具有极高的文物价值。而且,从古代流传至今的瓷器具有不可复制性,都是独一无二的,体现了当时那个时代的工艺水平、艺术水平等。

△ 磁州窑白釉莲瓣纹执壶 北宋
高16.5厘米

▷ 磁州窑风花雪月酒色财气梅瓶(一对) 宋代
高39.5厘米

2 | 历史文化价值

历史文化价值是瓷器价值高的重要因素之一。在古代，宋、元、明、清时期的瓷器品是比较盛行的，而自宋朝时期流传下来的官窑瓷器是最珍贵的。这主要是因为，在当时那段时期，生产的瓷器数量少，流传下来的汝瓷更为少。正因如此，瓷器的历史价值才更高。

△ 青白釉花卉盘（两件） 明代
直径14.3厘米

▽ 蔚戏春瓶 明代（15世纪）
高29厘米

△ 娇黄釉大碗 明弘治
直径20.3厘米

▷ 白釉暗刻龙纹碗 明嘉靖
直径29.7厘米

◁ 磁州窑花卉纹执壶　北宋
高23.5厘米

△ 德化窑印花双龙耳三足炉　明晚期
宽20厘米

△ 釉里红双龙戏珠翻口大盘　明嘉靖
直径28.5厘米

▽ 青白瓷花瓶　南宋
高18厘米

◁ 青花人物图筒瓶　明末清初
高42.3厘米

3 | 艺术价值

瓷器的观赏性高,具有艺术价值。一件精美的瓷器工艺品工艺精湛,做工精细,绘图美观,是一种精神享受,特别是一件寓意深刻的瓷器工艺品,它代表着人们的思想愿望与感情寄托,精神的祈求与祝福,是其他工艺品不可替代的。

◁ 龙泉窑龙纹大盘 元代
直径33.5厘米

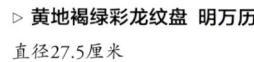

▷ 黄地褐绿彩龙纹盘 明万历
直径27.5厘米

◁ 青花如意花卉纹瓶 明万历
高32厘米

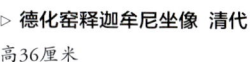

▷ 德化窑释迦牟尼坐像 清代
高36厘米

△ 龙泉窑龙纹大盘　元代

直径36.5厘米

4 | 收藏价值

瓷器的收藏价值较高，如近期拍卖的一件清朝乾隆时期的瓷器瓶，成交价超过了一亿元人民币。而且，瓷器收藏品的价格从整体上而言，是在逐步上升的。

▽ 粉彩山水诗文双联瓶　清代

高19厘米

△ 龙泉窑青釉刻缠枝莲纹瓶　元代

高47厘米

▷ 褐釉刻花题诗酒瓶　金代/元代

高31.4厘米

二 瓷器的价格走势

1 | 价格分析

近几年来，明清官窑瓷器的升值速度和幅度都令人咋舌。与10年前相比，瓷器的市场价普遍上涨了10～100倍，由此可见，古代瓷器的价格涨势如虹，同时，现代艺术品陶瓷的价格也呈上涨趋势。

2011年至2013年，受原材料、能源价格上升等多种因素的影响，艺术陶瓷的价格普遍上涨，较以前相比，上涨了三成左右。

2014年9月18日，清乾隆"瓷母"以2472.3万美元（约合1.51亿元人民币）成交，据称被一位神秘的国内买家竞得。此件瓷母首现于拍卖市场是在1964年，当年的成交价不足一万元人民币，而50年之后，竟然拍得如此"天价"。由此可见，瓷器投资市场的前景广阔。

△ 霁红釉大碗 清雍正
口径18.5厘米

2 | 市场分析

从近20年和近10年的瓷器市场走势上看，瓷器价格总体趋势是不断上扬的。这是因为，有了企业的参与，瓷器价格上扬成为常态。

一年高过一年的古瓷器拍卖成交价格，为拍卖场竖起了一道高高的门槛。手攥几百万元，在外面是大款，在这里似乎还真不好意思进门。一件古瓷器动辄上千万元的拍卖价格，让普通的收藏投资者望而却步。中国大买家是瓷器价格上扬的"驱动器"。

进入21世纪后，随着我国收藏者队伍的迅速扩大，中国买家在国际艺术品拍卖市场上也开始频频出手，所瞄准的目标都是我们祖先"中国制造"的瓷器，这是促使中国瓷器迅速升温的一个重要原因。

△ 天青釉菊瓣凸雕葫芦瓶 清雍正

高29.3厘米

△ 黄地矾红双龙纹八方花插 清乾隆

高27.3厘米

◁ **青花八吉祥纹双耳抱月瓶 清乾隆**
高49.5厘米

  在全球的艺术品市场上，中国买家正成为艺术品收藏不可忽视的新生力量，并且成为"传统中国艺术"的重要消费人群。据《华尔街日报》报道，中国购买者正在世界各地对中国艺术品提出高额报价。在许多艺术品拍卖中，中国买家的出价甚至比美国高30%，由此带动了全球市场中国艺术品拍卖价格的上升。事实证明，收藏在经济大热下的中国，已经突破了民间收藏的含义，更像是一场富豪间的逐利游戏。

  2003年9月的朵尔纽约拍卖会上，有几件中国明代瓷器，其竞买者中有一半来自中国。据德国纳高拍卖行统计，买家队伍中有五成是中国人，他们的购买力占拍卖总额近三成。

  近年来，各国拍卖行拍卖的亚洲艺术品中，中国艺术品占70%，而几年前则是日本艺术品占70%。这种变化，让世界看到了中国买家正在一天天增长的实力。

  收藏投资市场的高回报也是瓷器艺术品价格不断上扬的驱动器。据1999年6月美国《十年内投资家赢利的报告》统计，投资股票利润为17.3%，公债为12.6%，钱币为7.3%，房地产为4.4%，投资当代艺术的得益率是21.7%，现代艺术24%，印象派艺术21.6%。有人估计，中国经济在以后若是继续保持高速增长，中国古代瓷器精品的价格将有大幅的上涨。综观世界各类收藏品，已经被投资人轮番炒作过，特别是在1990年艺术品价格被推上前所未有的高度以后，市场经过十几年酝酿，中国瓷器这个古老的"新品种"潜力不容低估。

3 | 行情分析

毫无疑问，能够保值增值是瓷器的一大魅力所在。据有关报道，《伦敦艺术新闻报》每年都会就瓷器市场的行情指标作出评鉴，这一指标是根据"集体评价"的方法构建的，也就是每一个指标是由1975年伦敦佳士得与苏富比实际卖出的壶、瓶、香炉、碗、杯、盘等20件文物所组成，该组的每一件文物每年由拍卖会专家重新评估两次，重新评估的价格以当年每月平均的汇率换算成美元和1975年1000美元的基准做比较。

从指标中可以看出，中国瓷器行情从1975年逐年攀升，至1990年直追9000美元，15年增值9倍。步入20世纪90年代后，中国瓷器的价格在海内外典藏家的追逐下扶摇直上，迭创新高，尤其在海外拍卖市场上，明、清官窑瓷器，动辄数百万，乃至上千万元。

如1999年香港拍卖会上明代成化斗彩鸡缸小杯拍出2917万港元，仅仅一年之后，这个价位便被刷新。2000年，在香港佳士得拍卖会上，清乾隆"粉彩花

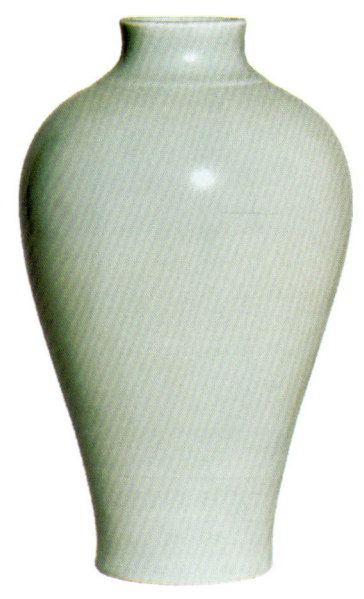

△ **豆青釉梅瓶 清代**
高30厘米

△ **炉钧釉长颈瓶 清代**
高34.3厘米

蝶纹如意耳尊"以3304.5万港元成交。同年，在香港苏富比拍卖会上，明嘉靖"五彩鱼藻纹盖罐"以4404.475万港元成交，创下了当时中国官窑瓷器交易的世界纪录。

进入21世纪后，拍出大价钱的瓷器此起彼伏，即使是最"新"的古瓷器——清代瓷器，创出千万元以上的可观价位的也不在少数。

2000年4月30日，香港佳士得有限公司拍卖会上，清乾隆青花胭脂红料云龙纹象耳方壶一对估价300万～350万元港币，成交价达到1269.5万元港币。

2000年4月30日，香港佳士得有限公司举行的拍卖会上，清乾隆"粉彩花蝶纹如意耳尊"成交价达到3502.77万元。

2000年10月31日，香港佳士得有限公司拍卖会上，清雍正"青花五蝠九桃纹橄榄瓶"成交价达到1170.77万元。

2001年4月29日，香港佳士得有限公司拍卖会上，清乾隆"黄地洋彩吉祥花卉铺首耳大尊"估价300万～400万元港币，成交价达到1192.5万元港币。

2001年10月29日，苏富比国际有限公司拍卖会上，清乾隆"雕瓷仿漆万花天球瓶"成交价达到1147.42万元。

2001年10月29日，苏富比国际有限公司拍卖会上，清乾隆"青花穿花龙纹梅瓶"估价为550万～650万元港币，成交价高达1269.48万元港币。

2004年，香港佳士得拍卖会上，明永乐"青花龙凤呈祥棱口洗"以2638万港元高价成交。佳士得推出的清乾隆"青花釉里红天球瓶"，也以1014.24万港元成交。

2004年的国际拍卖市场上，中国历代官窑瓷器的拍卖令人瞩目。苏富比秋拍推出的清乾隆"胭脂地粉彩花卉纹梅瓶"以4150万港元成交，创清代瓷器拍卖新纪录。

此后，许多瓷珍都创出了让人咋舌的天价，如苏富比推出的清雍正"青釉里红云龙纹天球瓶"以1.518亿港元天价成交。

不仅香港，内地的各拍卖会瓷器的成交情况也令人鼓舞。

与香港瓷器拍卖市场不同的是，内地瓷器拍卖出现了量价齐升的局面，以2004年翰海秋拍为例，翰海秋拍瓷器专场的成交额已高达6727.38万元。

高价成交的都是一些大型瓷器。到了2007年年底，即使是在省城的普通拍卖会上，小型瓷器，如一只小碗，也出现了惊人的价格。如在南京金丝利喜来登酒店举办的江苏聚德2007艺术品拍卖会上，一只清乾隆珐琅彩黄地开光式胭脂红山水纹碗，起拍价1800万元，经过多名买家的反复竞价，最终被一名广东买家以2600万元高价竞得。

为何一只小碗能拍出2600万元高价？据了解，有"彩瓷皇后"美誉的珐琅彩品种和产量都很稀少，传世品大都秘藏宫苑。目前，和这件珍品相同的瓷碗世上仅有一件，早在1997年就被英国收藏家艾斯肯纳齐以2147万港元的价格拍走。

2600万元的价格在国内瓷器拍卖中堪称天价。此前，虽然也有官窑青花瓷器突破千万元大关，但均是形制较大的器物，一个小瓷碗能拍到如此价格，足以证明收藏市场惊人的购买力。

上述的这些天价瓷器与元代青花鬼谷子下山图罐的成交价比起来，又仅仅只是小儿科。

2005年7月12日，在伦敦举行的佳士得"中国瓷器、工艺精品及外销工艺品"拍卖会上，一只绘有鬼谷子下山图的中国元代青花罐，以1568.8万英镑（折合人民币2.3亿元，折合美元2770多万元）成交，创造了中国瓷器在世界最昂贵的价格。

这件高为275厘米、直径33厘米的元代青花鬼谷子下山图罐，被一位华尔街企业家买走。一家外国媒体在报道中说："这是中国人的骄傲，也是亚洲人的骄傲。"

这只青花罐原是一位荷兰收藏家家传的藏品，是其祖父于第一次世界大战期间驻北京时购得的。这只元青花罐由于曾经仅被估价为2000美元，便被主人当作盛放DVD光盘的坛子使用。后来佳士得派人到这位荷兰收藏家家中，征集了这只青花罐，随后在北京预展，被专家重新估价时称：有望达到1000万美元，而此前中国瓷器的全球最高拍卖价仅为583万美元。

两个月后，这只元青花罐果然不负众望，竟以2770多万美元成交。

此前，世界上最昂贵的瓷器是一件韩国古瓷，其成交价为800多万美元，而此前中国瓷器的拍卖最高价仅为583万美元，即纽约朵尔拍卖公司于2003年9月16日拍出的一件元代青花朝圣龙纹扁壶。而当时中国文物艺术品拍卖的最高纪录，是由一只西周青铜器创下的。在2001年纽约佳士得春季拍卖会上，这只西周青铜器以930万美元成交。

中国瓷器最高成交价2.3亿元高吗？比较一下，2008年2月6日，培根的一幅画在伦敦克里斯蒂拍卖行拍出了2630万英镑的成交价，折合人民币3.9亿元。

2.3亿元并非中国瓷器的最终价，3.9亿元也不是艺术收藏品的最终价，近5年，房地产市场暴涨，5年前1万元一平方米人们觉得太贵，现在6万元一平方米也不觉得惊奇,即使9万元一平方米也不奇怪。也就是说,很多优质楼盘5年间涨价6倍以上,但这5年间,瓷器的涨幅趋于平稳,整体价格区间与当下物价水平相比,还算较低,上升的空间较大。

可以预想,在资源性物质5年间暴涨之后,在瓷器价格趋于平稳盘整之后,在炒风大兴的投资市场,下一轮应该涨的是什么?是瓷器、玉器等古董,是艺术品。而曾创造中国最高艺术品成交价的瓷器,自然是一马当先。

所以,当中国瓷器一件拍出10亿元的时候,那时或许有人会认为10亿元并不高了!

第五章

瓷器的购买

一 购买瓷器的准备工作

1 | 认清年代

在鉴定瓷器时，对年代的断定，学术界形成了一些不成文的习惯，明代以前的器物，能定出朝代即可。再细一点，那些历时较长的朝代如唐、宋，能分出早、中、晚更好。

在鉴别时应特别注意，那些能定出具体年代的器物，在科学上最有价值，往往作为标形器，提供研究资料，这种具体年代，多由器物本身铭文决定。明代以后的朝代，要求能定出以帝王年号为阶段的相对年代，如明宣德、成化，清康熙、嘉庆等。只说是明代、清代，就不太够专业水平。还有，明、清历时

◁ 龙泉窑刻花大盘 明代
直径48厘米

◁ 青白釉弦纹铺首衔环耳盘口瓶 南宋
高18.3厘米

◁ 御制明黄釉大碗 清康熙
口径32.4厘米

▷ 青花文王求贤葫芦瓶 明嘉靖
高34.4厘米

长的朝代，如明之嘉靖、万历，清康熙、乾隆，能分出早、中、晚更好。

鉴定瓷器时代，要对每一个时代瓷器风格和特征都有所了解，对所收藏的该瓷器年代要有全面了解，方可做到准确判断。各个朝代生产的瓷器，其造型、颜色、花纹装饰及工艺都有各自不同的特点。一朝所烧制的瓷器的样式往往如一人所创，颜色仿佛同一窑所烧，款识如一人所书，图案装饰皆如同一风格。如拿出两个朝代的实物样品进行比较，即可看出各朝的风格和特点。

断代与辨伪的一个不同点在于：在古陶瓷中，有一些古人仿古器物，它们既不是原作真品，也不是今人作伪。它们也是一种古代陶瓷，如宋、元时期小窑仿名窑器，明、清时期仿宋代名窑器，清代仿明代官窑器，民国时期大量仿清乾隆等，精者也有很高的艺术价值，在拍卖市场和收藏市场成交价格不菲。对这类器物时代的鉴定，要说出仿品的时代和被仿对象，如宣德仿哥窑、永乐仿宋龙泉、康熙仿永乐青花、雍正仿汝窑、乾隆仿均窑等。对这类确属古人仿古器物，应充分重视，它们同样有一定的收藏、研究、陈列价值，只要我们拿准了是否为仿品及其仿制时间，收藏时就能心中有数了。

▷ 彩绘陶文官俑 北魏
高62.2厘米

△ 绿郎窑釉小梅瓶 清康熙
高22.2厘米

△ 窑变釉双耳瓶 清乾隆
高21.3厘米

△ 褐釉陶马 唐代
高58.4厘米

2 | 认清造型

古代瓷器的外形简朴，元代厚重古拙，明、清都有自己独到的风格。因此，在购买瓷器时，一定要认清造型。

◁ 鲜红釉梅瓶　清乾隆
高17.5厘米

△ 青花饮中八仙故事笔筒　清乾隆
直径17.5厘米

◁ 御制黄釉刻云龙纹直口墩子碗　清乾隆
口径14.8厘米

▷ 青花缠枝莲纹双耳鹿头尊　清乾隆
高45厘米

3 | 认清纹饰

瓷器的釉色和纹饰经过了由简到繁的过程,各个时代有不同特点。购买瓷器时,可根据纹饰的不同断定其生产的年代。

4 | 认清工艺

不同时代生产的瓷器,工艺水平不同。因此,认清工艺,就能分辨出瓷器的生产年代。

▷ 豆青釉堆白花卉纹梅瓶 清乾隆
高34厘米

◁ 斗彩八宝纹折腰盘 清乾隆
直径20.3厘米

▷ 斗彩寿字纹盘 清乾隆
直径20.8厘米

二 瓷器的购买途径

1 | 拍卖公司拍卖

如今拍卖公司众多，每年都会举行瓷器拍卖会，并不时创出拍卖价的新高。很多瓷器收藏爱好者都会到拍卖公司购买心仪的瓷器。

△ 月白釉钧窑大碗 金代/元代
直径20厘米

▷ 褐釉陶马 唐代
高55.4厘米

◁ 鸡油黄釉盘 明正德
直径21.4厘米

◁ 窑变釉锥把瓶 清中期
高37.9厘米

▷ 青花缠枝花卉盖罐 清中期
高56.5厘米

2 | 文物商店购买

文物商店一般都有一个固定的经营场所，这些商店多是几十上百家集中在一起，组成交易市场。

文物商店中的物品价格虽然比较高，但赝品数量相对要少一些。瓷器收藏初学者不妨到文物商店进行购买。

△ 龙泉窑青釉梅瓶 明代
高37厘米

◁ 郎窑红釉盘 清康熙
口径21.5厘米

◁ 祭蓝釉豆 清乾隆
高27厘米

◁ 祭蓝釉象耳方瓶 清乾隆
高28.8厘米

△ 青花莲托八宝纹碗 清嘉庆
直径20.5厘米

3 | 专业市场购买

商场专卖店设在商场中，各方面的运营成本较高，故商品的售价较高。不过，瓷器的质量比较有保证，鉴定水平不高的朋友们可到商场专卖店购买瓷器。

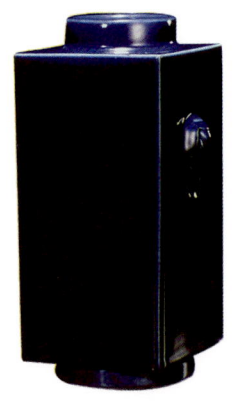

◁ 祭蓝釉象耳方瓶 清乾隆
高29.5厘米

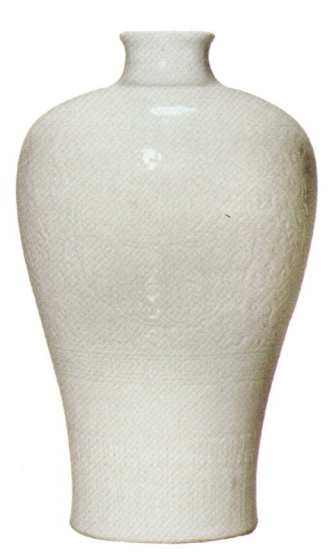

△ 白釉刻花卉纹梅瓶 清乾隆
高23.5厘米

◁ 粉彩诗文海棠洗 清嘉庆
长15.2厘米

4 | 典当行购买

民品典当，又被称为民品质押贷款，是典当行业内针对中小企业以及个人开展的快速融资业务。是一种经过鉴定评估师的专业评估，将物品进行质押登记后，就可以迅速获得贷款的质押贷款方式，其显著特征是融资速度快。这和瓷器变现周期相对较长的特性形成了互补，很多急需用钱的人有可能会到典当行典当手中收藏的瓷器。大家可以从典当行购买别人典当的瓷器。

◁ 黄地绿彩龙纹碗 清康熙
直径15厘米

▷ 青花开光人物故事图笔筒 清康熙
直径17.5厘米

5 | 圈子内购买

一直以来，高端瓷器的流通是比较私密的"圈子营销"，朋友之间以及与商家之间的信任关系极为重要，因此，这部分市场始终保持着一定的热度，甚至从数额上看，远远超过外界的想象。如能进入此圈子，很容易买到合适的瓷器。

△ 窑变釉洗口双耳尊 清雍正
高21.5厘米

△ 粉彩三果墩式碗 清宣统
直径15.4厘米

△ 粉青釉凸雕鼓钉纹尊 清雍正
高20.6厘米，直径14.2厘米

▷ 炉钧釉贯耳瓶 清宣统
高29.5厘米

6 | 网络渠道购买

近些年来，随着网络的发展，越来越多的人从网上进行交易，就瓷器而言，各大瓷器公司、拍卖公司等纷纷推出网上销售平台，淘宝、微信、公司官网等线上销售成为了瓷器抢占市场的一个新主力渠道。因此，大家可以通过网络渠道购买瓷器。需要注意的是，由于从网上无法看到真实的物品，购买风险较大，望大家谨慎。

◁ 窑变釉玉壶春瓶 清中期
高42.2厘米

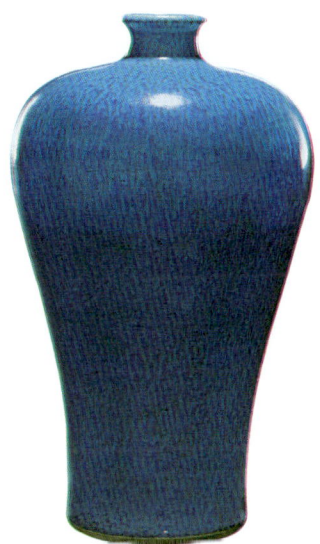

△ 炉钧釉小梅瓶 清中期
高16厘米

△ 粉彩万花碗 清代
直径9厘米

◁ 粉彩人物故事图双耳大瓶 清中期
高85.5厘米

▷ 开光粉彩象耳瓶 清代
高28.5厘米

三 把握适当的购买时机

瓷器收藏爱好者在涉"市"之初，应对瓷器收藏的现状进行调查、分析、了解，并对市场波动及价格走势做有效预测，从而选择藏品的购入时机。

瓷器的价格通常会在几年之内有一个波动，特别是在经济不景气时，往往给藏家创造购入的好时机。

▷ **茶叶末釉绶带耳葫芦瓶 清乾隆**
高26厘米

◁ **胭脂红釉碗 清乾隆**
直径13.6厘米

当经济滑坡时，证券等投资方式的收益急剧下降，甚至大幅度的亏损，此时的文物和艺术品价格也有所回落或者出现疲软。这种时期，就是收藏瓷器、购入瓷器的有利时期。

▽ 哥釉三足洗 清乾隆
直径11.3厘米

▷ 胭脂红釉玉壶春瓶 清乾隆
高29.5厘米

四 准确判断好出售时机

对于瓷器收藏者而言，判断适宜的出售时机是非常关键的。那么，应当如何把握好的出售时机呢？

考虑出售动机。在众多因素中，出售动机对时机的影响是最为重要的。动机大体可分为资金周转和投资转向两种。资金周转多半是因为藏主在资金方面出现了缺口。通常来说，这个时间段并不是出售的有利时机，藏主应选择抵押等其他方式进行融资。第二种是藏主的投资方向发生了改变，面对这种情况，藏主需要思考投资市场的风险和回报，再判断出售时机。

借鉴瓷器投资市场的波动规律。瓷器的价格每隔几年都会出现波动，当市场比较火爆的时候，就是藏家出售藏品的时机。

◁ 蓝料长颈瓶 清代
高20.2厘米

△ 仿官釉六方贯耳瓶 清代
高29厘米

◁ 霁蓝釉锥把瓶 清乾隆
高51.1厘米

▷ 矾红彩藏草瓶 清乾隆
高22厘米

◁ 霁蓝釉锥把瓶 清乾隆
高51厘米

◁ 红釉梅瓶 清乾隆
高31厘米

关注市场动态。出售瓷器，要时刻关注瓷器的价格走势、交易的热点品种等讯息，从而判断手中藏品的价值，选择适宜的出售时机。藏主可以通过专门的网站或是服务机构了解这些资讯。

多到专业机构进行咨询。要想对手中藏品的价值有一个准确的判断，藏家应多到专业机构进行咨询，或是多参加瓷器拍卖会，通过专业人士的评估和分析，把握出售时机，从而得到最优化的收益。

第六章

瓷器的保养

一 避免挤压与碰撞

瓷器为易碎品，因此，在把玩时要注意避免挤压与碰撞。

小件瓷器必须放入锦盒中进行收藏，并且要一器一盒，以防瓷器相互间的摩擦碰撞。锦盒中要有泡沫填充，而且，藏品放在盒中应当松紧适当，避免挤压，以防对藏品造成损伤。

裸放的大件瓷器要放稳，同时要注意，周围环境中不能有易倒的硬物，以防瓷器被碰撞。

二 避免阳光长期直射

瓷器若是上釉彩，就要尽可能地避免阳光直射，以防褪色。

三 远离污染源

瓷器不怕有害气体，不过，某些物质的溶液会损害瓷器，例如，强酸会改变瓷器的表面光泽，使彩绘变色；碱对釉有腐蚀作用，因此，瓷器必须远离污染源。

四 远离化学制剂

瓷器要远离化学制剂，否则会伤及釉面。若瓷器沾染上了污垢，可以用清水进行洗涤，万不可使用化学制剂进行擦拭。

五 掌握正确的清洁保养技巧

瓷器的外表若沾染了积垢，可运用以下技巧和方法进行清洁：

①若是一般的污渍，可用碱水清洗，也可用洗衣粉或肥皂清洗，再用净水冲净。

②若在冬季洗刷薄胎瓷器，一定要严格控制好水温，否则，冷热水的交替会致使瓷器发生爆裂。

③有些彩色瓷器，由于色彩中铅的成分较多，会出现泛铅现象，对此可先用棉签蘸上白醋擦洗，然后再用清水洗净。

◁ **青花缠枝莲八宝盉壶 清乾隆**
宽23.5厘米

④若瓷器有冲口裂纹或开片等现象，污渍极易"沁"入其中，此时可用牙刷蘸些酸性液体进行刷洗。不过，需要注意的是，釉上彩器物不可使用此种方法，这是因为，酸、碱性物质极易损伤釉彩。若是描金彩瓷器，不可用鸡毛掸子做清洁，以防损伤瓷器上的描金。

需要注意，在保养瓷器时，收藏珍贵瓷器时，应当配有相应尺寸、带胆的木箱或者是木盒，以便保存。

△ **青花龙生九子灵芝花口瓶 清乾隆**
高36.3厘米

△ **青花折枝花果六方大瓶 清乾隆**
高66.4厘米

六 掌握正确的把玩方式

瓷器极易破碎，因此，在把玩瓷器时，千万要小心谨慎，不要碰撞、摔落，而且尽量不要用汗手摸，宜戴上手套，同时，桌上也应当用绒布垫好，以防瓷器碰撞。若是多人同时把玩一件瓷器，一定要注意，不要互相传递，一人把玩结束后应重置于桌上，其他人再捧持把玩。

◁ 豆青釉粉彩松竹梅灵芝寿石天球瓶　清乾隆
高44厘米

▷ 青花缠枝莲大碗　清乾隆
直径28.8厘米

很多瓷器，如瓶、罐等通常是由下而上两段拼接成的，因此，在把玩时不可用一只手提物件上部的脖子。正确的方法是，一手托住瓷器的底部，一手拿住瓷器的脖子。有的瓶、罐、尊等瓷器装饰有双耳，在把玩、取放的时候，千万不能仅提双耳，否则极易折断或损坏。

薄胎器皿的胎薄、质轻，比较娇气，因此，在把玩时更要小心，要双手捧底，忌用单手。另外，此类器皿的底足小，体型较长，还需注意防风，以防被吹倒。

◁ 豆青釉菊瓣折沿盘 清乾隆
直径27.5厘米

△ 蓝釉荸荠瓶 清乾隆
高34.9厘米

△ 青花竹石芭蕉玉壶春 清乾隆
高28.5厘米

△ 青釉长颈瓶 清乾隆
高36.7厘米

△ 黄地绿彩赶珠云龙纹盘 清乾隆
直径18.1厘米